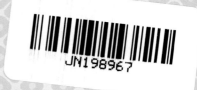

決定版　手づくりを楽しむ

和菓子のいろは

和の菓子 いろは
宇佐美桂子・高根幸子

目次

決定版　手づくりを楽しむ和菓子のいろは

column

この本の使い方

・電子レンジ、オーブンは、機種によって温まり方などに差があります。本書では600Wで使用しますが加熱時間は目安にしてください。

・材料の白玉粉や本葛粉などは、産地やメーカーによって状態が違うので、レシピを参考にようすを見ながら水分量や加熱時間などを加減してください。

・熱い生地を素手で扱うときは、火傷に注意してください。

・市販のあんで菓子を作る場合は、同じ店から入手を。あんの状態が同じものを使ったほうがコツを早くつかめます。

・材料表の「〜」の表記は、使う材料の状態などによって分量が多少変わる場合を、あらかじめ考えて用意する分量です。

・和菓子は作りたてを召しあがるのが一番ですが日もちも表記しました。常温が基本ですが、冷蔵とある場合は和菓子専用のケースに入れて冷蔵庫へ。

はじめに

四季を映し、行事を彩り、家族で楽しむ。和菓子は日本人の心のおやつです

たかねさちこ
パティシエとして洋菓子店勤務。その後、和菓子教室アシスタントを経て独立。和菓子の美しさにこだわった、繊細な仕上げの技には定評がある。

和菓子がブームといわれて久しい昨今です。洋菓子と見まごうばかりの華麗な和菓子もあれば、デパ地下では全国の郷土菓子が揃い、素朴な餅菓子やおはぎを求める行列を見かけることも少なくありません。

季節の移り変わりを普段の暮らしの中で楽しむ……。私たち日本人にとって、和菓子はこころのおやつなのでしょう。和菓子には洋のお菓子とは別の魅力があります。

とくに小豆を使った「あん」はヘルシー、和菓子独特のやわらかい食感が新鮮と、その人気は海外でも。パリでは日本の老舗菓子舗のカフェやMOCHI専門のパティスリーにフランス人が並んでいると聞くのも隔世の感があります。

私たちは2009年に注文菓子の製作と和菓子の教室を始め、手づくりの和菓子のおいしさを皆さまにお伝えしてまいりました。お教えする方々が手づくりの和菓子に感動してくださることが何よりの歓びです。

和菓子は買ってくるもの、と思われて久しいですが昔はそれぞれの家庭でお節句やお彼岸、お祭りなどになるとお菓子作りに精を出したものでした。

「和の菓子 いろは」は、宇佐美桂子さんと高根幸子さんが立ち上げた工房。注文菓子の製作と少人数制の和菓子教室を開催しています。季節に寄り添い、暮らしの中で身近に感じられる和菓子作りを大切にしています。

本書では私たちが大切に作り続けている季節に寄り添った和菓子の数々をご紹介しています。行事を彩り、家族で楽しむなどスタンダードな懐かしいおやつから、四季を映した茶席の和菓子、また贈って喜ばれる和菓子や洋の素材を使った焼き菓子までを4つの章別に収録しています。

和菓子の材料はとてもシンプルで、それだけに素材の善し悪しが出来上がりのおいしさに表れます。

基本となる小豆、葛粉や白玉粉など個々の材料にこだわって吟味することはとても大切です。よりよい材料選びも和菓子作りの楽しみのひとつです。

まず小豆を煮て「あん」を作り、それからお好みの和菓子、興味のある和菓子にぜひ挑戦してみてください。そのおいしさに手づくりしてよかったと、きっと思うはずです。

皆様が本書を通じて、ますます和菓子好きになられますことを願っております。

うさみけいこ
和菓子教室のアシスタント・講師を経て独立。論理的でわかりやすい指導が人気。著書に『はじめての和菓子レッスン決定版』（金塚晴子共著・家の光協会刊）。

和の菓子 いろは
宇佐美桂子・高根幸子

和菓子の主な材料

和菓子の材料はシンプルです。
それだけに材料の持ち味で出来上がりに差がつくもの。
良品を選ぶ眼を高めましょう。

《豆》

小豆《あずき》

和菓子作りには欠かせない豆。つぶあん、こしあんの原料になる。ふっくらと丸みがあり、つやのよいものが良品。

白いんげん豆（手芒《てぼう》）

いんげん豆の一種。皮が硬いので一晩水につけてから煮るのが基本。大福豆などとともに、主に白あんに使われる。

《砂糖》

上白糖

一般には白砂糖と呼ばれ、ほとんどの和菓子に使われる。甘みが強く、しっとりとして水にも溶けやすい。

黒砂糖

さとうきびの糖蜜を煮つめたもの。多くはかたまりで売られているので砕いて使う。甘みと香りが強く、黒蜜の材料に。

グラニュー糖

粒子が小さく、さらさらとしている。あくが少ないので、さっぱりとした甘さに仕上げたいときに使われる。

和三盆糖

さとうきびから日本特有の製法で作られる粒子の細かな砂糖。適度な湿り気と口溶けのよさが特徴。香川や徳島の特産品。

三温糖

薄茶色で上白糖より純度は低く、しっとりとしている。特有の風味と甘みの強さを生かして、こくを出したい和菓子に。

きび糖

搾りたてのさとうきびの汁で作られているので、さとうきび本来の風味がある。色や粒子の細かさも黒砂糖より使いやすい。

《甘味料》

水飴

芋類や穀類などの澱粉《でんぷん》を糖化させて作った透明で粘液状の甘味料。生地に使えばつやが出て、しっとりと仕上がる。

はちみつ

みつばちが花の蜜を採取したもの。花の種類により味も香りも違うが、和菓子にはくせのないものを。どら焼きの生地などに。

《寒天》

角寒天

天草などの海藻を煮溶かし、抽出した液を冷やし固めたところてんを、さらに凍結乾燥させたもの。寒天液は室温で固まる。棒寒天ともいう。

《うるち米から作る粉》

上新粉《じょうしんこ》

うるち米を水づけして水気をきり、乾燥させてから石臼で挽き、ふるい分けたもの。柏餅やみたらし団子に使う。

上用粉《じょうようこ》

うるち米を水づけし、水気をきって臼でつき、粉にしてふるい分け、乾燥させたもの。上用饅頭(薯蕷《じょうよ》饅頭)に使う。上新粉と製法は同じだが、粒子はさらに細かい。

かるかん粉

うるち米を水洗いして水気を切り、粒子を粗く粉砕したもの。主としてかるかんを作るのに用いる。

《もち米から作る粉》

道明寺粉《どうみょうじこ》

もち米を洗って水につけ、水気をきって蒸し、よく乾燥させた干《ほ》し飯《いい》を粗く挽いたもの。四ツ割り、五ツ割りと粒子の細かさ別に種類がある。

白玉粉《しらたまこ》

もち米を水づけしてから水挽きし、沈殿物を乾燥させたもの。弾力があり、つやがよく仕上がるので、団子や求肥《ぎゅうひ》に使われる。

寒梅粉《かんばいこ》

もち米を蒸してつき、餅にしてごく薄くのばして白焼きし、粉末にしたもの。みじん粉とも呼ばれる。

餅粉《もちこ》

もち米を水洗いして乾燥させ、製粉したもの。風味がよくなめらか。

《便利な粉》

水饅頭の素《もと》

葛粉と寒天をほどよくブレンドした粉で、ぷるぷるの舌ざわりの水饅頭が手軽に作れる便利な材料。

《澱粉《でんぷん》》

本葛粉《ほんくずこ》

葛の根から採る澱粉。冷やすと白濁するのが特徴。葛餅や葛饅頭など夏の和菓子に多く使う。奈良の吉野葛が有名。

本わらび粉

春の山菜であるわらびの地下茎から精製した澱粉。特有の粘りがあってわらび餅に使われる。近年は生産量が減って希少品に。

片栗粉

本来は野草の片栗の地下茎から採る澱粉だが、今はじゃが芋の澱粉から作るものが主流。打ち粉に使うと生地につやが出る。

きな粉

煎った大豆を粉にしたもの。栄養もあり、おはぎやわらび餅などに使う。湿気を呼ぶので、香ばしいうちに使いきる。

抹茶

特別な栽培法の茶の若芽を石臼で細かく挽いたもの。製菓店にもあるが、専門店の風味のよい好みのものを使うとよい。

ベーキングパウダー

蒸し菓子や焼き菓子に使う膨張剤。粉類と一緒によくふるい、均一に混ぜてから使うとよい。

うぐいすきな粉

青大豆を煎って粉にした、緑色が鮮やかなものをうぐいすきな粉という。うぐいす餅にはこのきな粉を使う。

シナモンパウダー

肉桂とも呼ばれるスパイスのひとつ。甘くさわやかな香りと、かすかな辛みがあり、和菓子の風味づけにも使われる。

重曹《じゅうそう》

炭酸水素ナトリウムの白い粉で、ふくらし粉として使われる。重曹の風味が味わいのひとつになっているどら焼きなどに使用。

蕎麦《そば》粉

蕎麦の実を挽いて粉にしたもの。独特の風味を生かし、和菓子では蕎麦饅頭や蕎麦ぼうろなどに使う。

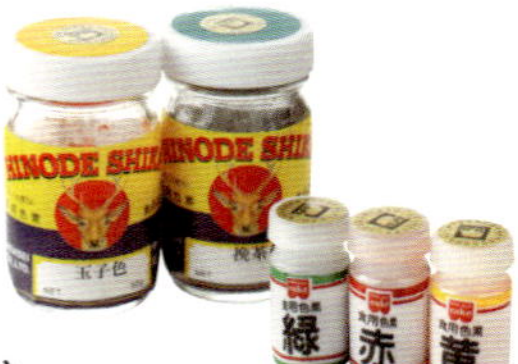

色粉

着色料として許可されている食用色粉。スーパーなどでも入手できる。水で溶いて薄め、桜餅や練りきりなどに使う。

バター(食塩不使用)

食塩を加えていない製菓用のバター。焼き饅頭などオーブンで作る和菓子には、バターや卵をよく使う。

小麦粉(薄力粉)

和菓子にはグルテンが少なく、粘りがあまりない薄力粉がよく使われる。湿気のない新しいものをよくふるって使う。

乾燥よもぎ(固形)

よもぎの葉を乾燥させたもの。草餅や草団子などに。冷凍よもぎも市販されており、鮮やかな色と香りが特徴。

くるみ

硬い殻をむいたむきぐるみが製菓用、料理用として売られている。あんなどに混ぜてもおいしく、食感もよい。

笹の葉

生葉が手に入らないときは軽く塩漬けした真空パックのものが便利。防腐効果があり、緑色がさわやかな涼感を呼ぶ。

柏の葉

柏餅には欠かせない柏の葉。乾燥品はゆでてあく抜きが必要だが、真空パックのものは水洗いするだけで手軽。

黒ごま

粒が丸く太った国産のものが良品。加熱すると独特の芳香が立つ。饅頭の飾りや、すりごまにしておはぎなどに。

いぐさ

畳表でおなじみ。乾燥させた茎の部分を湯で戻して使う。ちまきや、笹の葉で包んだ和菓子を結わえるときに使う。

桜の葉の塩漬け

塩漬けした桜の葉は生よりも香りが強くなる。水洗いして塩抜きしてから桜餅などに使う。香りが目的だが食べられる。

干し杏《あんず》

杏の種を除き、水分を15～20%残して干したもの。そのまま保存してもいいが、蜜煮にしておくと重宝する。

大納言《だいなごん》甘納豆

大納言を砂糖漬けにした和菓子。練りきりの飾りや、浮島などの蒸し菓子に加えて使う。赤いつぶつぶのようすが愛らしい。

栗の甘露煮

栗の皮をむいて蜜煮にしたもの。市販のものを使う場合は、味を吟味して選ぶと和菓子の出来上がりに差がつく。

氷餅《こおりもち》

もち米を水挽きして煮、型に流して凍結し、紙に包んで乾燥させたもの。霜に見立ててまぶすなど、仕上げのアクセントに。

和菓子作りの道具

和菓子作りには、普段あまり目にしない特殊な道具も必要です。
また家庭にある道具でも、和菓子作りならではの使い方、
選び方のポイントがあります。

《基本の道具》

計量スプーン

和菓子作りは正しい計量が基本。大さじ（15mℓ）、小さじ（5mℓ）、小さじの小（2.5mℓ）があると便利。

耐熱ガラスのボウル（大・中・小）

電子レンジにかけられるので、あんや生地を焦がさず加熱できる。

ステンレスボウル（大・中）

大のボウルはあんをさらすときに水があふれてしまわないよう、最低でも容量が4ℓ、直径30cm以上のものを準備する。

計量カップ

目盛りがあり、持ち手がついていて軽いものが使いやすい。

ステンレスバット（大・中・小）

あんなどを広げて冷ましたり、そのまま冷蔵庫にも。大は生地をのばすときにも使うので、30×40cmくらいの大きさを。

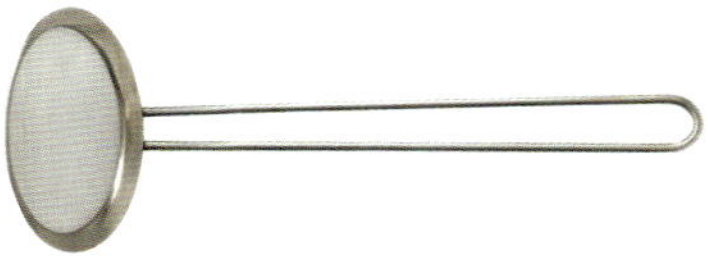

あく取り

豆を煮るときや、寒天を溶かすときに出るあくを除くのに便利。

クッキングスケール

材料の計量や、あん玉や生地などを均等に分けるときに欠かせない。煮つめ具合なども、仕上がりの重さで確認すると失敗がない。

さらし布巾《ふきん》

こしあん作りや、菓子の乾燥の防止、また蒸し器に敷いたり、露取りなど多目的に使うので、数枚は常備しておきたい。

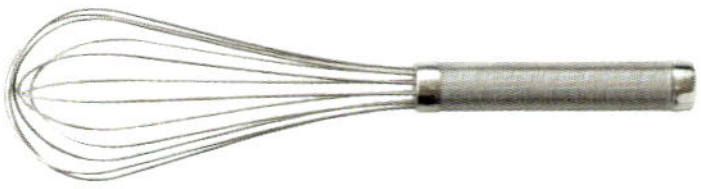

泡立て器

ワイヤーの間隔が狭く、丸みがあるものがよく泡立つ。使うときは材料を入れるボウルの大きさとのバランスも考えて。

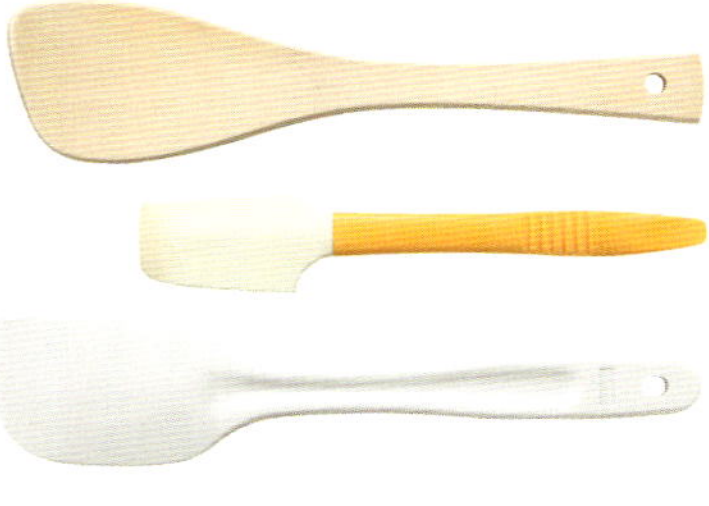

木べら・ゴムべら

用途に合わせて、いくつかそろえておくと便利。

めん棒

生地をのばすときに必要。長さ40cm以上の長めのものが使いやすい。

三角プラスチックべら

製菓用の道具ではないが、先が薄く固いので、生地の切り分けや、こそげるのにも便利。工具売り場などで入手できる。

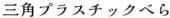

《加熱する道具》

雪平《ゆきひら》鍋(直径21cm・直径18cm)
練るほうの手に力が入れられるよう、鍋をしっかり固定できる片手鍋が便利。大小を準備したい。

手坊主《てぼうず》鍋(直径20cm)
あんを練るときに、かき混ぜやすいよう、底が丸くなっている鍋。へらで全体を混ぜるときに使いやすい。

フライパン
本葛粉を湯せんにかけながら練るときに、フライパンが活躍する。雪平鍋が入る大きさのものを。

銅鍋
あんを煮るには熱伝導が優れている銅製の鍋が理想的。熱すると、冷めにくいので、あんがむらなく煮える。

蒸し器
角型のステンレス製の2段式が使いやすい。下段に湯を入れるので、あらかじめ蒸気を上げておけるうえ、差し湯も簡単。

ホットプレート
和菓子にも出番が多く、どら焼きの生地などを焼くときに使う。温度調節がしやすいのでむらなく焼ける。

《こす・ふるう道具》

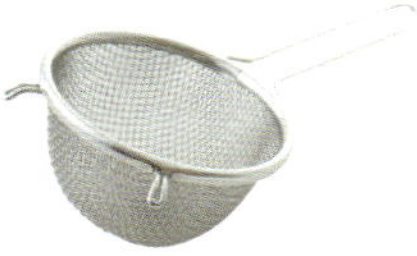

裏ごし器
裏ごし一般に使う。ステンレス製が丈夫で洗いやすく、清潔に使える。

粉ふるい
主に薄力粉や蕎麦粉などの粉類をふるう。網目が二重になっているので細かくふるえて空気も含み、ふんわり仕上がる。

茶こし
主に卵黄や抹茶など、ダマになりやすい材料に使う。一度濡らすと続けて使えないので、数本常備しておくと便利。きな粉などを仕上げにふるうときにも使う。

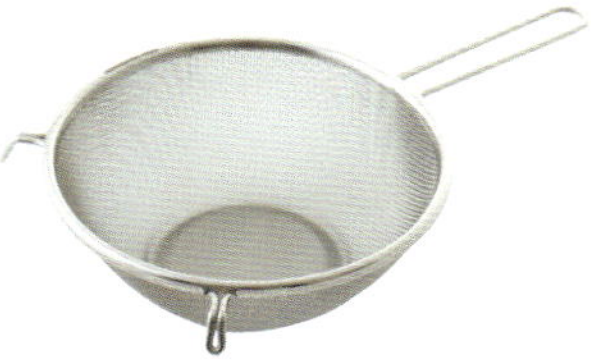

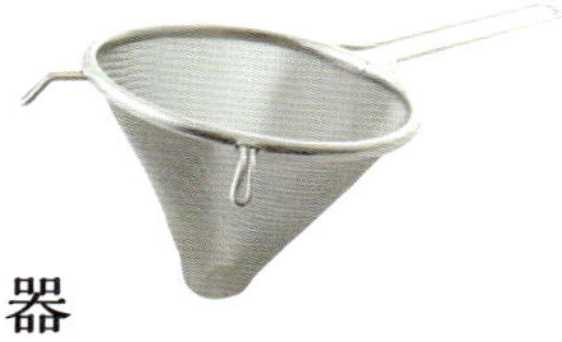

裏ごし器(60メッシュ)
こしあん作りでは目の細かい裏ごし器を使う。直径が24cmで中に手の入る大きさのものが使いやすい。

柄付きのざる
フックがついているのでボウルや鍋にかけて、小豆やあんをこすのに使う。上白糖などをふるうのにも便利。

こし器
主に寒天液など、液体をこすときに使う。網目が細かく、逆円錐形なので、最後の一滴までこしやすい。

《成形や仕上げの道具》

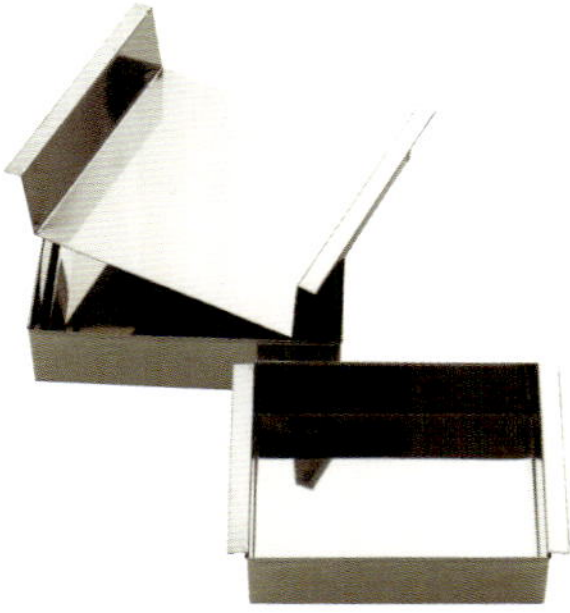

流し缶(大・小)

水羊羹や青柚子羹のように、寒天などを使って冷やし固めるものに使う。二重底になっていて中敷きをはずせるものが扱いやすい。

角枠

底がなく、ステンレスの枠だけの道具。クッキングシートを敷いて、浮島などの蒸し菓子に使う。

霧吹き

蒸す前のお饅頭や、蒸し器の中に敷いたわら半紙などに霧を吹くときに使う。細かな霧がたっぷりと出るものを選ぶ。

きんとんこし器

練りきりの生地をこすときなどに使う。素材や目の細かさに違いがあるので使い分ける(詳細は113ページ参照)。

はけ・筆

はけは、生地などについた余分な粉を払う役目を。筆は溶いた色粉を菓子に彩色するときなどに使う。

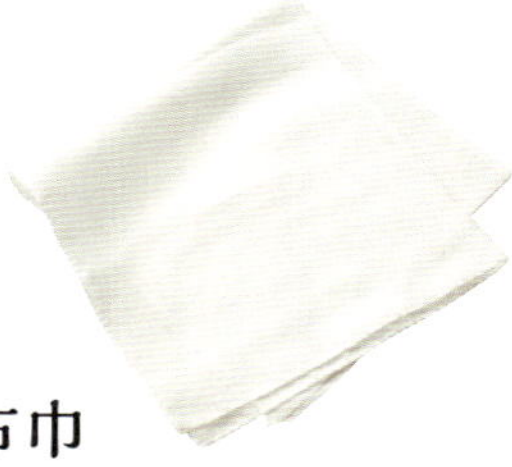

絹布巾

栗茶巾や、練りきり生地を絞るときに使う絹製の薄い専用布。細やかなしわなども表現できる。

カステラ包丁

蒸し菓子やカステラなどを切り分ける専用の包丁。薄くて刀身が長いので、一気に美しく切ることができる。

三角べら

木製の棒で、練りきりや桃山などに模様をつけるときに使う。鋭い角や二重になった角などを使い分ける。

あんべら

生地の中にあんを包むときに使うへら。ステンレス製のものが多く、用途に合わせて太さを選ぶとよい。

定規

羊羹や浮島などを、均一の大きさに切るために必要。清潔を保つために、洗いやすい材質のものを。

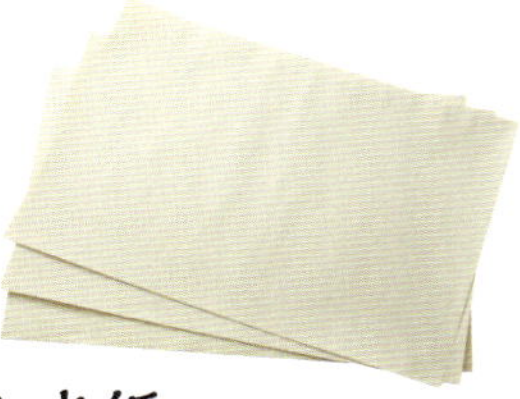

わら半紙

黄身時雨や薯蕷饅頭などの敷紙用。再生紙やざら紙として売られている。

《あると便利な道具》

すり鉢・すりこぎ

薯蕷饅頭の大和芋をするときに使う。鉢は刻み目が深く底のすわりがよいこと、すりこぎは鉢の直径の2倍の長さを目安に選ぶ。

玉じゃくし

水羊羹などを流し缶に流すほか、底を使って小豆をつぶすときにも使う。

おろし金(大・小)

大は大和芋などを、小は柚子などをおろすときに使う。目の細かいものを選ぶとよい。

フライ返し

生地を焼くときに使う。ホットプレートやフッ素樹脂加工には専用のへらを。

ケーキクーラー

オーブンで焼いたり、蒸し上げたりした菓子を並べて粗熱を取り、落ちつかせる。

深ボウル

こしあんをこすときに、水分があふれないよう深さのあるボウルを使うと作業が楽にできる。

深バット

深さのあるバットがあると、水羊羹などの流し缶を冷やしやすい。バットに氷と水を入れ、流し缶を浸すと早く固まる。

バーナー

栗茶巾などに焼き目をつける料理用バーナー。火力調節もできる。焼き目で菓子に表情と香ばしさを加える。

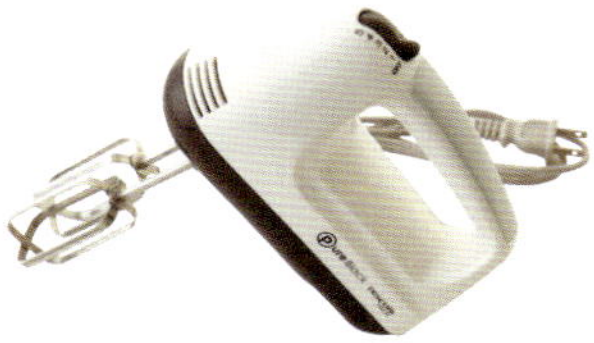

ハンドミキサー

浮島やカステラなどの生地作りで、メレンゲの泡立てや、生地を混ぜ合わせるときに使うと便利。

精密スケール

最小表示が0.1gの精密計量器があると、重曹や抹茶、ベーキングパウダーなどを、少量でも正確に量れる。

押し枠

押しずし用の木製の枠は、干菓子作りに利用できる。クッキングシートを敷いて生地を入れ、ふたで押し固める。

作る前に準備しておくと、出来上がりに差がつきます

和菓子作りは準備から
すでに始まっています。
材料の下ごしらえや、
道具の準備を万全にしておけば、
作りながらあわてることはありません。
失敗も少なくなり、
出来上がりにも格段の差がつきます。
この本に出てくる代表的な下準備の
意味とコツをまとめました。

粉類はよくふるっておく

和菓子の材料にはいろいろな粉類が登場します。混ぜる前にあらかじめふるい、ダマをなくして空気を含ませておくと、生地がなめらかに仕上がります。

甘みをつける上白糖や三温糖も、小さなかたまりなどがあるので、ふるってから使います。片栗粉や小麦粉、きな粉などをバットに均一に広げたいときも、ふるいが活躍します。

蒸し器の準備を忘れずに

蒸し器を使う菓子の場合、蒸し器の蒸気がタイミングよく上がるように準備しておくことが大切です。ふたは、菓子に水滴が落ちないよう、あらかじめ露取り用の布巾で包んでしっかりと結びつけておきましょう。蒸し器の上段には、必要に応じてさらし布巾や、わら半紙、クッキングシートなどを敷き、準備します。

こしてなめらかに

卵黄はこしてから使います。抹茶もダマになりやすいので、溶いてからこしておきます。こしてなめらかにしておくと、生地などにも均一に混ざります。少量をこすときは茶こしを使うと便利です。目の細かな、持ち手のしっかりしたものを。

クッキングシートを敷き込む

浮島や蒸し羊羹などに使う角枠や、干菓子作りの押し枠などには、サイズに合わせてクッキングシートを敷き込んでおきます。2枚を十文字に重ねて敷いておくと、取り出すときに便利です。

あんを丸める

あんを丸める作業は和菓子の下準備の基本です。生地の中に包み込むあんを、あらかじめ等分に分けて丸めておきます。きちんと計量しながら丸めましょう。あんの固さは作る菓子に合わせて調節します。丸めてから、やわらかすぎるのが気になったら、乾いたキッチンペーパーの上におき、水分を除く方法もあります。

角寒天を戻す

和菓子作りには昔ながらの角寒天(棒寒天)がおすすめです。戻し時間はいろいろに表示されていますが、一晩しっかりと戻すと、失敗がありません。乳白色になり、やわらかく戻ったら、小さくちぎって使いましょう。

小豆を煮ることから始める

小豆こしあん

舌ざわりがなめらかで、羊羹や上等なお菓子には欠かせないのが小豆のこしあん。小豆桃山など生地に使われる場合もあります。

小豆つぶあん

小豆のつぶの形を残して仕上げたつぶあんは、基本のき。作る菓子によって練り上がりの固さを変えます。

白あん

白いんげんの風味豊かな白あん。黄身あん、杏あんなど変わりあんを作るベースとなるほか、お菓子の生地にも広く使われます。

「小豆を煮ることから始めてみましょう。」

私たちがお教室の生徒さんにいつもお話ししていることです。鍋で小豆をコトコトと煮ていると、豆の香りが立ち込めて、そこだけ時間がゆっくりと流れているような気がします。そうした心のゆとりを感じるのも小豆を煮ることの魅力のひとつだと思うのです。

上手に小豆が煮えたら、次は「あん」作り。

私たちが作る基本の「つぶあん」は、煮た小豆を一晩蜜に漬けて翌日練り上げています。時間をかけて小豆一粒一粒に蜜を含ませます。手間と時間はかかりますが、その分一層おいしい「つぶあん」に仕上がります。

もうひと手間かけた「こしあん」は難しいと思われるかもしれませんが、慌てずていねいにこすことで、舌ざわりもなめらかで風味豊かな「こしあん」が家庭でも作れます。

手づくりの「あん」はおいしさも格別です。慣れてきたら自分好みの甘さや家族の好みに合わせた甘さ、菓子に合わせてアレンジをきかせた「あん」など、さまざまに楽しんでください。手づくりならではのおいしさを、もっともっと楽しんで、味わっていただきたいと思っています。

本書では家庭で作りやすい分量200gの小豆で「あん」を作っています。小豆は吟味し、長く保存せず、乾燥が進まないうちに早く使いましょう。

「あん」を多めに作って保存するなら、冷蔵庫の臭いがつかないようにラップできちんと包むか、密閉容器に入れます。時間が経つごとに風味が落ちるので冷蔵庫で3～4日、冷凍庫で2週間をめどに使い切りましょう。

「つぶあん」、「こしあん」、いろいろなお菓子のベースにもなる「白あん」。マスターしたいのはこの3つの「あん」です。次のページからレッスン開始です。

小豆つぶあん

小豆のつぶの形を残して仕上げるつぶあんは、
はじめての手作りにふさわしいあんの代表です。
一晩蜜に漬けて練ったあんのおいしさは格別です。

◆ 材料（出来上がり約650g）

小豆	200g
グラニュー糖	150g
きび糖	60g
水飴	20g
水	適量

◆ 使う道具

銅鍋などの厚手鍋、ざる、木べら、ゴムべら、雪平鍋（直径18cm）または手坊主鍋（直径20cm）、ボウル、紙ぶた、さらし布巾、バット

point

＊鍋の大きさによって水の量は多少変わります。小豆に対しての水の量は、写真を参考にしてください。

＊作る菓子によって砂糖・水飴の量、あんの練り上がりの固さなどを変えます。（23ページ参照）

＊あんは炊きたてよりも1日ねかせたほうが全体がなじんで状態がよくなります。

＊小豆は買ってきたら、できるだけ早めに使いきります。新豆は煮る時間や渋の出方が違ってくるのでようすを見てください。

◆ 作り方

小豆の煮方

1

小豆を水洗いして厚手鍋に入れ、水500mℓを加え強火にかけ、3分ほど沸騰させる。

2

浮いてきた小豆全体にしわがよったら、1回目の差し水（びっくり水）をして沸騰をおさえ、50℃以下に温度を下げる。もう一度沸騰させて2回目の差し水をする。

＊差し水は800mℓ以上を準備しておき2回に分けて加えます。

＊差し水で湯の温度を急激に下げることで、豆は水分を吸収しやすくなり、煮えむらが少なくなり早くゆで上がります。

3

小豆がふくらんで、しわがのびるまでそのまま沸騰させ、湯が十分赤くにごったら小豆をざるにあけ、湯を捨てる。

＊小豆によって湯の色・沸騰させる時間は異なります。

4

豆を流水でさっと洗う（渋抜き）。

＊皮に含まれるタンニンなどは苦みや渋みの原因になり、あんの風味を悪くするので、ゆでた後はさっと水洗いして取り除き、渋（あく）を落とします。これを渋抜き、または渋切りといいます。

5

鍋に水600mℓを入れ、小豆を戻し入れて火にかける。沸騰したら火を弱め、小豆が軽く小躍りするくらいの火加減で20〜30分煮る。その間、小豆が水面から頭を出さない程度の差し水を2〜3回する。

6

小豆の香りがしてきて、抵抗なく小豆がつぶれるようになるまで煮る。

7

豆が躍らないようにクッキングシートの紙ぶたをしてごく弱火でさらに20〜30分煮る。途中、豆が水面から出ないように差し水をする。

＊さらに煮ることで皮までやわらかくなります。

小豆の蜜漬け

8

小豆が煮上がったら少し蒸らす。その後、鍋をかたむけて湯をきる。

＊湯は捨てきらなくても大丈夫。豆が煮くずれてしまったときは、さらし布巾をかけたざるにあけ、小豆を鍋に戻します。

9

雪平鍋にグラニュー糖ときび糖、水200mℓを入れ、火にかけ沸騰させ、蜜を作る。

10

8の湯をきった小豆を9の鍋に入れ、一度沸騰させる。

11

ボウルにあけ、一晩蜜漬けにする。

＊夏は粗熱が取れたら冷蔵庫で保存を。

小豆つぶあんの練り方

12

翌日、鍋に移して火にかけ、一度沸騰させてから火を止め、ざるにあけて小豆と蜜に分ける。

13

蜜を鍋に入れて再び火にかけ、つやが出るまで煮つめる。

14

分けておいた小豆を戻し入れて、煮くずさないようにていねいに練っていく。

15

へらですくい上げて落としたときに、かたまりで流れ落ちるくらいの固さになったら、火を止めて水飴を加え混ぜ、溶かす。

16

小分けにしてバットなどに移して冷ます。

＊あんの状態や季節により、水で濡らして固く絞ったさらし布巾をかぶせて乾燥を防ぎます。

急ぐときには

一晩おかずに、そのまま練り上げたいときは、8で煮上がって湯をきったら、砂糖の半量を鍋に入れます。中強火にかけ、へらで砂糖を溶かし、残りの砂糖も加えて焦がさないように練りましょう。好みの固さになったら火を止め、水飴を加えて冷まします。

小豆こしあん

ひと手間かけて
皮を取り除いた小豆こしあんは、
なめらかで上品な口当たりです。

◆ 材料（出来上がり約500g）

小豆	200g
グラニュー糖	170g
水飴	17g
水	適量

point

＊あんは炊きたてよりも1日ねかせたほうが全体がなじんで状態がよくなります。
＊生あんは傷みやすいので、その日のうちにこしあんにしてしまいましょう。

◆ 使う道具

銅鍋などの厚手鍋、ざる、木べら、ゴムべら、雪平鍋（直径18cm）または手坊主鍋（直径20cm）、ボウル（大2個、中、深）、裏ごし器（目の細かいもの）、玉じゃくし、さらし布巾、バット

◆ 作り方

小豆の煮方

1

小豆を水洗いして厚手鍋に入れ、水500mℓを加え強火にかけ、3分沸騰させる。

2

浮いてきた小豆全体にしわがよったら、1回目の差し水をして沸騰をおさえ、50℃以下に温度を下げる。もう一度沸騰させて2回目の差し水をする。

＊差し水の量は800mℓ以上を用意し、2回に分けて加えます。
＊湯の温度を急激に下げることで、豆は水分を吸収しやすくなり、煮えむらが少なくなり早くゆで上がります。

3

小豆がふくらんで、しわがのびるまでそのまま沸騰させる。湯が十分赤くにごったら小豆をざるにあけ、湯を捨てさっと流水で洗う（渋抜き）。

＊皮に含まれるタンニンなどはあんの風味を悪くするので、ゆでた後はさっと水洗いをして渋（あく）を落とします。

4

鍋に水600mℓを入れ、小豆を戻し入れて火にかける。沸騰したら火を弱め、小豆が軽く小躍りするくらいの火加減で30〜40分煮る。その間、小豆が水面から頭を出さない程度の差し水を2〜3回する。小豆の香りがしてきて、抵抗なく小豆がつぶれる程度になるまで煮る。

生あんの取り方

（出来上がり量 約330g）

5

煮上がった小豆を、そのまま鍋の中で玉じゃくしなどを使ってつぶす。

6

大きめのボウルにざるをかけ、5をゆで汁ごとざるにあけ、水をかけながら手でつぶし、小豆の皮を取り除き、小豆の中身（呉《ご》）をこし出す。

＊ボウルにこし出した小豆の中身（呉）が、あんになります。

7

別の深めのボウルに目の細かい裏ごし器を上下逆さにおき、6をあけ、水をかけながら手でていねいに呉をこし、さらに細かい皮を取り除く。

8

たっぷりの水を注いで全体をよく混ぜてしばらくおき、小豆の呉が沈殿したら上水を捨てる。もう一度、目の細かい裏ごし器でこす。

9

再び、たっぷりの水を注いで全体をよく混ぜてからしばらくおき、小豆の呉が沈殿したら上水を捨ててこす。この作業を水が澄むまで3～4回繰り返す。

＊あわてずきちんと沈殿するまで待ちます。

＊ボウルの大きさ（水の量）によって水が澄むまでの、さらす回数が変わります。

＊澱粉質は水が冷たいほうが早く沈殿するので、夏場は冷水を使うとよいでしょう。

10

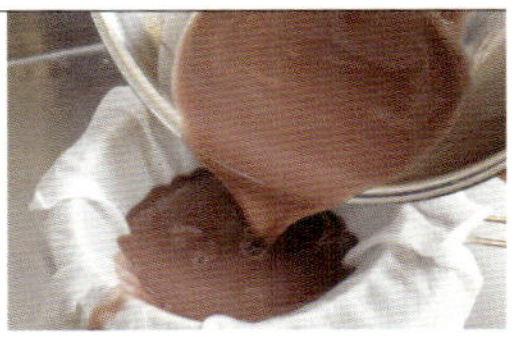

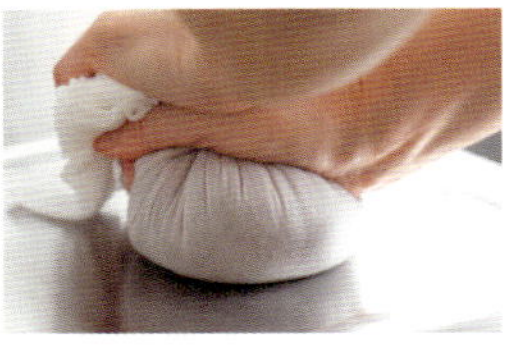

水が澄んだら、上水の3/4量くらいを捨て、水で濡らして固く絞ったさらし布巾をかけたざるにあける。水気をきり、さらし布巾ごとしっかり水気を絞り、ボウルにあける。

＊体重をかけて、水気を完全にきりましょう。

＊さらしの中に残った呉が生あんです。

小豆こしあんの練り方

11

鍋に水（120mℓ）を入れ沸騰させ、グラニュー糖を加えて煮溶かす。

12

11に10の生あんを加え、絶えず全体をかき混ぜながら、中強火で焦がさないようしっかり練る。

＊水が足りなければ足して、全体にしっかり熱を加えていきます。

＊あんに十分に火を通しておくと、口当たりがよくなり、つやも出ます。

13

あんをすくって落としたときに、山のようにこんもりとした状態になるくらいの固さまで炊いたら、火を止めて水飴を加え溶かす。

＊水飴は熱いあんでゆるめて加えましょう。

14

あんをへらで鍋肌にはりつけ、余分な水分を飛ばしながら、鍋肌にこびりついたあんも練り混ぜ、全体をなじませる。

＊あんがやわらかければ、鍋肌にはりつけたまましばらくおいて水分を飛ばします。

15

小分けにしてバットに取り出し、冷ましておく。

あんの固さ

あんは、作る菓子によって砂糖、水飴の量、練り上がりのあんの固さなどを変えます。一般的にわらび餅や求肥《ぎゅうひ》のように、外側がやわらかな菓子にはやわらかなあんを、練りきりなどには、やや固めのあんを使います。

白こしあん

風味のよい白こしあんは、
豆の香りも豊かで、
和菓子になくてはならないあんです。

◆ 材料(出来上がり約450g)

白いんげん豆(手芒《てぼう》)……200g
グラニュー糖……150g
水……適量

◆ 使う道具

銅鍋などの厚手鍋、ざる、木べら、ゴムべら、雪平鍋(直径18cm)または手坊鍋(直径20cm)、玉じゃくし、ボウル(大2個、中、深)、裏ごし器(目の細かいもの)、さらし布巾、バット

point

＊あんは炊きたてよりも1日ねかせたほうが全体がなじんで状態がよくなります。
＊作る菓子によって砂糖の量、あんの練り上がりの固さなどを変えます。(23ページ参照)
＊生あんは傷みやすいので、その日のうちにこしあんにしてしまいましょう。
＊新豆は煮る時間や渋の出方が違ってくるのでようすを見てください。

◆ 作り方

白いんげん豆の煮方

1

白いんげん豆は洗ってたっぷりの水に一晩つけておく。ざるにあけて、厚手鍋に入れ、水600mℓを加え、強火にかけ、3分ほど沸騰させる。

2

その後1回目の差し水をして沸騰をおさえ、50°C以下に温度を下げる。もう一度沸騰させて2回目の差し水をする。

＊差し水は800mℓ以上を準備しておき、2回に分けて加えます。
＊差し水で湯の温度を急激に下げることで豆は水分を吸収しやすくなり、煮えむらが少なくなり、早くゆで上がります。

3

そのまましばらく沸騰させたら、豆をざるにあけ、湯を捨てさっと流水で洗う(渋抜き)。

4

鍋に水700mℓと豆を入れ、火にかける。沸騰したら火を弱め、豆が軽く小躍りするくらいの火加減で30〜40分煮る。その間、豆が水面から頭を出さない程度の差し水を2〜3回する。

5

豆の香りがしてきて抵抗なく豆がつぶれる程度になるまで煮る。

生あんの取り方

（出来上がり量 約300g）

6

煮上がった豆を、そのまま鍋の中で玉じゃくしなどを使ってつぶす。

7

大きめのボウルにざるをかける。6をゆで汁ごとざるにあけ、水をかけながら手でつぶし、豆の中身（呉）をこし出す。たっぷりの水を注いでそのまま沈殿させ、上水を捨てる。

＊ボウルにこし出した豆の中身（呉）があんになります。

8

別の深めのボウルに目の細かい裏ごし器を上下逆さにおき、7をあけ、水をかけながら、手でていねいに呉をこし、細かい皮を取り除く。たっぷりの水を注ぎ、全体をよく混ぜてしばらくおき、呉が沈殿したら上水を捨てる。もう一度、裏ごし器でこす。

9

再び、たっぷりの水を注いで全体をよく混ぜてからしばらくおき、豆の呉が沈殿したら上水を捨てる。この作業を水が澄むまで3～4回繰り返す。

＊あわてずにきちんと沈殿するまで待ちます。

＊ボウルの大きさ（水の量）によって水が澄むまでの、さらす回数が変わります。

＊澱粉質は水が冷たいほうが早く沈殿するので、夏場は冷水を用いるとよいでしょう。

10

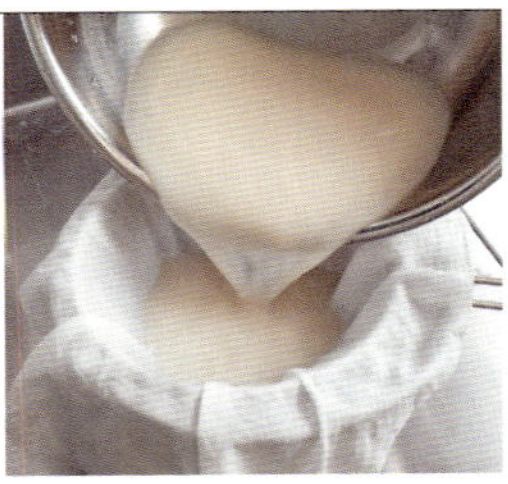

水が澄んだら上水の3/4量くらいを捨て、水で濡らして固く絞ったさらし布巾をかけたざるにあける。

11

水気をきり、さらし布巾ごとしっかり水気を絞り、ボウルにあける。

＊体重をかけて水気を完全にきりましょう。

＊さらしの中に残った呉が生あんです。

白こしあんの練り方

12

鍋に水（80mℓ）を入れ沸騰させ、グラニュー糖を加えて煮溶かしたら、11の生あんを入れる。

13

かき混ぜながら中強火で焦がさないように練る。

＊水が足りないようなら足して、しっかり全体に熱を加えていきます。

＊あんに十分に火を通しておくと口当たりがよくなり、つやも出るのでよく練りましょう。

14

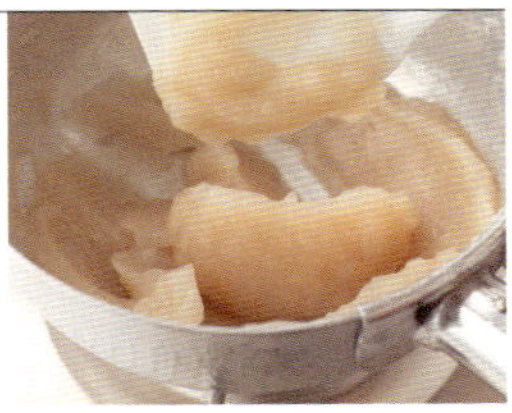

あんをすくって落としてみて、山のようにこんもりとした状態になるくらいの固さまで炊き上げる。

15

火を止め、あんをへらで鍋肌にはりつけ、余分な水分を飛ばしながら、鍋肌にこびりついたあんも練り混ぜ、全体をなじませる。

＊あんがやわらかければ、鍋肌にはりつけたまましばらくおいて水分を飛ばします。

16

小分けにしてバットに取り出し、冷ましておく。

＊練り上げたあんの状態や季節により、水で濡らして固く絞ったさらし布巾をかぶせて冷まします。

黄身あん

まろやかな卵の風味とやさしい色合いが人気のあん

◆ 材料（出来上がり約330g）

白こしあん（24ページ参照）……300g
ゆで卵の黄身（固ゆで）……1個半分（1個15g程度のもの）
グラニュー糖……25g
水……60mℓ～

◆ 作り方

1　バットの上に裏ごし器をおき、黄身がほの温かいうちに裏ごしする。続けて白あんの1/3量を裏ごし器の網目につまった黄身と一緒にこし出す。こし出された黄身と白あんを手でよく混ぜ（a）、もう一度裏ごしする。

2　鍋に水を入れて沸騰させ、グラニュー糖を入れて溶かし、残りの白あんを加えて練る（b）。あんにとろみがついてきたら、1を加えて混ぜながら練り続ける。

3　あんをすくって落としてみて、山のようにこんもりとした状態になるくらいの固さまで炊き上げる。

4　火を止めて、あんを鍋肌にはりつけ、鍋肌にこびりついて乾燥したあんを全体になじませたら、小分けにしてバットに取り出し、冷ます。

＊あんがやわらかいようなら、鍋肌にはりつけたまま、しばらくおいて水分を飛ばします。

a 黄身はむらになりやすいので、手でよくもみこみながら、ていねいに混ぜる。

b あんが固いようなら、練りやすい程度のやわらかさになるまで水を加える。

くるみ黄身あん

黄身あんにくるみを入れて、食感と香ばしさをプラス

◆ 材料（出来上がり約400g）

黄身あん（左記参照）……330g
グラニュー糖……25g
くるみ……30g
水飴……25g
水……80mℓ～

◆ 準備すること

・くるみは150℃に熱したオーブンで、香りが立つようになるまでローストして、あんになじむ程度に小さく刻んでおく。

◆ 作り方

1　鍋に水を入れて沸騰させ、グラニュー糖を溶かし、黄身あんを加えて練る。

＊固いようならあんが練りやすい程度のやわらかさになるまで水を加えます。

2　あんをすくって落とすと山のようにこんもりとした状態になるくらいの固さまで炊き上げる（a）。

3　くるみを加えて（b）さらに練り、火を止めて水飴を加え、余熱で溶かして練る。

4　あんを鍋肌にはりつけ、鍋肌にこびりついて乾燥したあんを全体になじませたら、小分けにしてバットに取り出し、冷ます。

＊あんがやわらかいようなら、鍋肌にはりつけたまま、しばらくおいて水分を飛ばします。

a あんの固さは、へらであんをすくって落とし、山の形に立つのが目安。

b くるみは大きすぎると、口当たりが悪いので、ほどよい大きさに刻む。

杏あん

甘酸っぱい杏は、あんと相性がよく、彩りも美しい

◆ 材料（出来上がり約330g）

白こしあん（24ページ参照）……300g
グラニュー糖……5g
干し杏（5㎜角に切ったもの）……25g
水飴……10g
水……70mℓ～

◆ 準備すること

・干し杏が固ければ、耐熱ボウルに杏とかぶるくらいの水を入れ、電子レンジ（600W）で約30秒加熱して、水気をきっておく。

◆ 作り方

1 鍋に水を入れて沸騰させ、グラニュー糖を入れて溶かし、白あんを加えて練る（a）。
＊固いようならあんが練りやすい程度のやわらかさになるまで水を加えます。

2 焦がさないように練り、あんにとろみがついてきたら杏を加え（b）、さらに練り続ける。

3 あんをすくって落としてみて、山のようにこんもりとした状態になるくらいの固さまで炊き上げたら、火を止めて水飴を加え、余熱で溶かす。

4 あんを鍋肌にはりつけ、鍋肌にこびりついて乾燥したあんを全体になじませたら、小分けにしてバットに取り出し、冷ます。
＊あんがやわらかいようなら、鍋肌にはりつけたまま、しばらくおいて水分を飛ばします。

a ようすを見ながら水を加えて、白あんを練っていく。

b 杏は5㎜角くらいが、あんとのなじみがよく、色合いも美しい。

さつま芋あん

あんとお芋のおいしさが一度に味わえる人気の味

◆ 材料（出来上がり約350g）

さつま芋……180g（皮をむいた正味）
白こしあん（24ページ参照）……100g
グラニュー糖……45g
水飴……10g
水……100mℓ～

◆ 作り方

1 さつま芋は厚めに皮をむき2㎝厚さに切り、15分ほど水につけ、水気をきる。蒸し器に並べ、強火で10～15分、竹串がスッと刺さるくらいまで蒸す。

2 水で濡らして固く絞ったさらし布巾の上に裏ごし器をおき、温かいうちにさつま芋を裏ごしする（a）。裏ごししたさつま芋と白あんを、さらし布巾ごとよくもみ、まとめる（b）。

3 鍋に水を入れて沸騰させ、グラニュー糖を加えて溶かし、2を加えて練る。
＊固いようならあんが練りやすい程度のやわらかさになるまで水を加えます。

4 あんをへらで落とし、山のようにこんもりとした状態になるくらいの固さに炊き上げたら、火を止め、水飴を加えて余熱で溶かす。

5 あんを鍋肌にはりつけ、鍋肌にこびりついて乾燥したあんを全体になじませたら、小分けにしてバットに取り出し、冷ます。
＊あんがやわらかいようなら、鍋肌にはりつけたまま、しばらくおいて水分を飛ばします。

a さつま芋は冷めないうちに裏ごしするとよい。舌ざわりがなめらかになる。

b あんと芋をさらしに包み、さらしの上からもんで、よく練り合わせる。

包《ほう》あんの基本

あん玉を生地で包み込む工程を「包あん」といいます。生地の質感別に大きく分けると2通りの包み方があるので、手元がわかるように細かくお見せします。慣れるまでは難しい工程ですが、スムーズにできたときの喜びは格別です。

ベーシックな生地の包あん

まず左手に計量済みの丸めた生地をのせて、手のひらで押し広げて平らにします（1）。生地の中央にあん玉をのせ（2）、左手で軽く握りながら、右手の指先であんを軽く押さえて、生地ごと椀状に形作るようにします（3～4）。あん玉がすっかり覆われたら（5）、生地の口をすぼめて、しっかり閉じます（6～7）。生地を上に向かって集めていく動きで口が自然とすぼまります。きれいに丸く形を整えて完成です（8）。

1

2

3

やわらかい生地の包あん（餅生地など）

分割して平らにした生地を左手にのせ（1）、中央にあん玉をのせます（2）。生地をのせていた左手を返して右手であんをつまむように持ち（3）、左手の親指と人差し指で輪を作り、生地をあんにそわせるように下にのばします（4）。裏返して口を上にし、指であんを軽く押さえ（5）、あんを覆うように生地を集めます（6〜7）。中央でしっかり閉じ（8）、丸く形を整えます。

餅生地など手につきやすいものは、片栗粉をまぶしながら成形します。

column

和菓子のわき役

和菓子の副材料も、手作りして常備しましょう。
風味もよく、いろいろに使い回せて重宝します。

上品な風味を白玉や葛きりなどに

和三盆糖のシロップ

◆ 材料（出来上がり約90mℓ）

和三盆糖（ふるっておく）……50g
グラニュー糖……10g
水……40mℓ

◆ 作り方

1　耐熱ガラスのボウルにグラニュー糖と水を入れ（a）、電子レンジ（600W）で1分加熱する。
2　1に和三盆糖を混ぜ、茶こしでこして（b）冷ます。
＊和三盆糖は香りが飛ばないよう混ぜるだけにします。

a 少量なので電子レンジで加熱する。

b こすと、なめらかな口当たりに。

あんみつやわらび餅に欠かせません

黒蜜

◆ 材料（出来上がり約330mℓ）

黒糖（かたまりは刻んでおく）……160g
グラニュー糖……80g
水……200mℓ

◆ 作り方

1　鍋に水と黒糖、グラニュー糖を入れて中火にかけ、黒糖が溶けて沸騰してきたら火を弱めて煮つめ、あくが出てきたら取り除く（a）。
2　3/4量くらいになるまで煮つめて（b）、火から下ろして冷ます。
＊煮つめすぎると再結晶しやすいので注意しましょう。

a あく取りでまめに取り除くとまろやかに。

b 煮つめ具合は、重さを量って確認する。

刻んでトッピングにするなど重宝

杏の蜜煮

◆ 材料（出来上がり約90mℓ）

干し杏……30g
グラニュー糖……25g
水……50mℓ

◆ 作り方

1　耐熱ガラスのボウルにグラニュー糖と水を入れて混ぜ、電子レンジ（600W）で1分加熱して、シロップを作る（a）。
2　1に干し杏を加え（b）、さらに30～40秒、沸騰するまで加熱してそのまま冷ます。
＊菓子に使う前に蜜をきっておきます。

a はじめに砂糖を溶かして、シロップを作る。

b 杏の固さにより、加熱時間は加減する。

第1章
はじめての和菓子

まずは、白玉粉や本葛粉、
本わらび粉など、和菓子特有の材料で作る
基本の菓子を学びましょう。
和菓子はシンプルなだけに材料の吟味は必須です。
作り方をひとつ覚えれば、味や形、季節感など、
いろいろにアレンジができるので、
和菓子の世界が大きく広がります。

春の求肥 うぐいす餅《もち》

なめらかな舌ざわりの求肥《ぎゅうひ》を
春の芽吹きを思わせる
やさしい緑色で包んだ和菓子。
両端をつまんで、
愛らしいうぐいすの形に
見立てています。

春の求肥 うぐいす餅

求肥（ぎゅうひ）

蒸した白玉粉または餅粉に砂糖や水飴を加えて練り固めた、餅生地を「求肥」という。蒸したもち米をついて作る餅との違いは、甘みがあり、そして冷えても固くならないやわらかな食感にある。

◆ 材料（10個分）

白玉粉	50g
上白糖	100g
水	100mℓ
水飴	10g
小豆こしあん（22ページ参照）	250g
うぐいすきな粉	適量

◆ 準備すること

- 上白糖をふるっておく。
- 小豆こしあんは1個25gに分けて丸めておく。
- バットにうぐいすきな粉をふるっておく。

◆ 日もちの目安——常温で1〜2日

◆ 作り方

1

耐熱ガラスのボウルに白玉粉を入れ、分量の水の半量を加えてダマができないようペースト状になるまでゴムべらで混ぜる。

2

残りの水を1に加えて溶きのばす。

3

さらに上白糖も加えてよく混ぜ合わせる。

4

電子レンジ（600W）で1分加熱し、へらで混ぜながら上白糖を溶かす。

＊この場合、電子レンジでの加熱にはラップをかけません。

5

さらに1分30秒電子レンジで加熱して取り出し、へらでしっかり混ぜる。

6

再び電子レンジで1分30秒、次は1分と、加熱しては取り出し、そのつど練り混ぜる。全体につやと透明感が出て、コシのある状態になるまで練りながら加熱していく。

＊季節や、作る日の気温などによって加熱時間の調整が必要です。コシが足りないようなら、30秒ずつ追加加熱して、ようすを見てください。

＊電子レンジで作ると生地が焦げず、求肥作りには最適です。

7

水飴を加えて、しっかり混ぜ溶かす。

＊混ぜ始めは、バラバラと分離したようになりますが、混ぜているうちに、もとのコシのある状態に戻ります。

8

準備したバットに求肥を取り出す。

9

内側にうぐいすきな粉が入らないように注意して二つ折りにしたら、外側にうぐいすきな粉をふる。

10

求肥を分けやすいよう半分にし、生地をのばさないように持ち、10等分にちぎり分ける。

11

1個ずつ左手にのせ、はけでていねいに上面の粉を払う。

12

準備したあん玉を中央にのせる。

13

あんをのせていた左手を返し、右手であんをつまむように持つ。左手の親指と人差し指で輪を作り、あんにそわせるようにして、生地をのばす。

14

裏に返して、指で生地をつまんで集める。

15

中央でしっかり閉じる。

16

うぐいすきな粉をまぶしながら、楕円形に整える。生地が冷めないうちにすべて包む。

17

きれいなバットに並べ、両端をつまんでうぐいすの形に成形する。

18

うぐいすきな粉を茶こしなどの目の細かいふるいで、まんべんなくふるう。

夏の求肥

杏餅《あんずもち》

求肥の作り方はうぐいす餅と同じ。
甘酸っぱい杏あんを包み、
求肥の透明感を楽しみます。

◆ 材料(10個分)

白玉粉	50g
上白糖	100g
水	100mℓ
水飴	10g
杏あん(27ページ参照)	250g
片栗粉	適量

◆ 準備すること

・上白糖をふるっておく。
・杏あんは1個25gに分けて丸めておく。
・バットに片栗粉をふるっておく。

◆ 日もちの目安――常温で1～2日

◆ 作り方

1 うぐいす餅のプロセスの1～7(33ページ参照)にならって求肥を作る。

2 準備したバットに求肥を取り出し、内側に片栗粉が入らないように注意して二つ折りにし、うぐいす餅の10と同様にちぎり分ける。

3 1個を左手にのせ、はけで上面の粉を払い、杏あん玉を中央にのせる(a)。左手を返して、右手であんをつまむように持ち、左手の親指と人差し指で輪を作り、あんにそわせるようにして生地をのばす。裏に返して生地をつまんで中央に集め、しっかり閉じる(b)。

4 生地が冷めないうちにすべて包み、形を整えて余分な粉を払う。

a 杏あんは、美しい彩りとほどよい酸味が夏の求肥に最適。あん玉を中央にのせて。

b 生地をつまんで閉じたら、閉じた口を下にして、やさしく転がし、形を整える。

秋の求肥 くるみ餅《もち》

求肥の作り方はうぐいす餅と同じ。
きび糖のこくと、
くるみの香ばしさが調和した
親しみやすい味わい。

◆ 材料（10個分）

白玉粉	50g
上白糖	50g
きび糖	50g
水	100mℓ
くるみ	25g
水飴	10g
小豆つぶあん（20ページ参照）	250g
片栗粉	適量

◆ 準備すること

・くるみは150℃に熱したオーブンで香りが立つまでローストして、小さく刻んでおく。
・上白糖、きび糖はふるっておく。
・小豆つぶあんは1個25gに分けて丸めておく。
・片栗粉はバットにふるっておく。

◆ 日もちの目安——常温で1～2日

◆ 作り方

1 うぐいす餅のプロセスの1～7（33ページ参照）にならって求肥を作る。ただし、プロセス3で上白糖とともにきび糖を加えて（a）溶かし混ぜ、プロセス5の後に、準備したくるみを加えて混ぜる。プロセス6、7と同様に加熱し（b）、水飴を加える。

2 準備したバットに1の求肥を取り出し、内側に片栗粉が入らないように注意して二つ折りにし、うぐいす餅の10と同様にちぎり分ける。

3 1個を左手にのせ、はけで上面の粉を払い、あん玉を中央にのせる。左手を返して、右手であんをつまむように持ち、左手の親指と人差し指で輪を作り、あんにそわせるようにして生地をのばす。裏に返して生地をつまんで中央に集め、しっかり閉じる。

4 生地が冷めないうちにすべて包み、形を整えて余分な粉を払う。

a きび糖も上白糖もふるってから加えると、舌ざわりがなめらかに仕上がる。

b くるみを入れたら、ようすを見ながら加熱と練りを繰り返し、透明感を出す。

冬の求肥

柚子餅《ゆずもち》

求肥の作り方はうぐいす餅と同じ。
黄色の色粉でほんのり色づけし、
柚子の皮のすりおろしを加えて
香りよく。

◆ 材料(10個分)

白玉粉	50g
上白糖	100g
水	100mℓ
水飴	10g
白こしあん(24ページ参照)	250g
柚子	適量
片栗粉	適量
色粉(黄色)	少量

◆ 準備すること

- 上白糖はふるっておく。
- 白こしあんは1個25gに分けて丸めておく。
- バットに片栗粉をふるっておく。
- 色粉は少量の水で溶いておく。

◆ 日もちの目安——常温で1〜2日

◆ 作り方

1 うぐいす餅のプロセスの1〜7(33ページ参照)にならって求肥を作る。ただし、プロセス3で上白糖とともに色粉を加えて(a)溶かし混ぜ、プロセス6の後ですりおろした柚子の皮を加えて(b)混ぜる。水飴を加えてしっかり混ぜ溶かす。

2 準備したバットに1の求肥を取り出し、内側に片栗粉が入らないように注意して二つ折りにし、うぐいす餅の10と同様にちぎり分ける。

3 1個を左手にのせ、はけで上面の粉を払い、あん玉を中央にのせる。左手を返して、右手であんをつまむように持ち、左手の親指と人差し指で輪を作り、あんにそわせるようにして生地をのばす。裏に返して生地をつまんで中央に集め、しっかり閉じる。

4 生地が冷めないうちにすべて包み、形を整えて余分な粉を払う。

a 色粉はあらかじめ水で溶いておき、少量ずつようすを見ながら加え、淡い柚子色に。

b 柚子の皮は香りがなるべく飛ばないように、すりおろしながら加える。

本わらび粉で作る

わらび餅《もち》（あん入り）

わらび餅の理想は生地とあんの
やわらかさが一体化していること。
わらびから採れる澱粉は、
葛よりも粘りが強く
弾むような口当たりです。
今ではすっかり希少品ですが
ぜひとも「本わらび粉」で
作りたいものです。

≫作り方P40参照

冷《ひ》やしわらび餅《もち》

作りたて、出来たてが
何よりのおもてなし。
保存できないので
タイミングよく作ります。
和三盆糖のシロップや
きな粉など
お好みの味で
お召し上がりください。

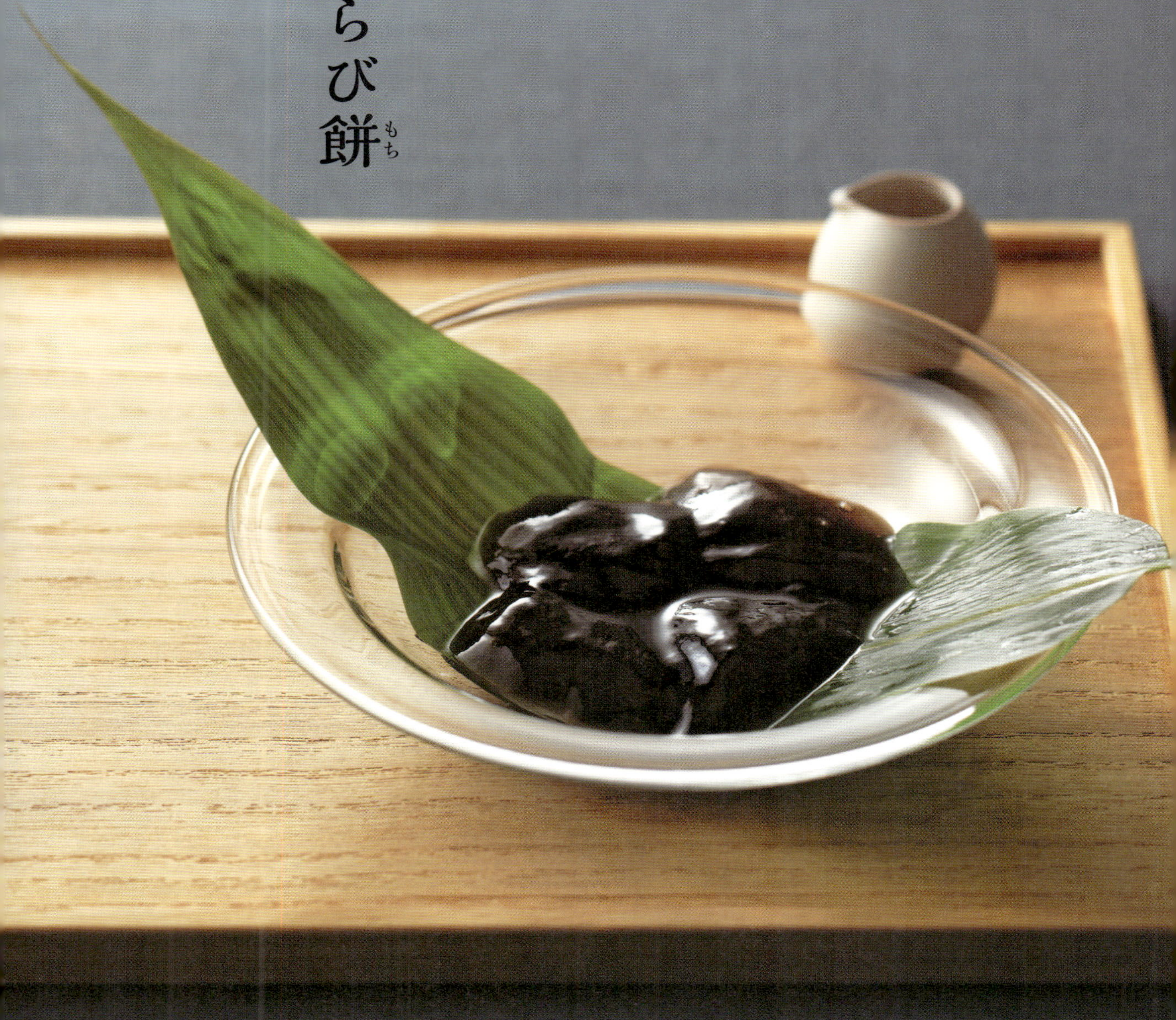

》作り方P41参照

わらび餅（あん入り）

◆ 材料（10個分）

本わらび粉	25g
水	150mℓ
グラニュー糖	60g
小豆こしあん（やわらかめ・22ページ参照）	250g
きな粉（手粉・仕上げ用）	適量

◆ 準備すること

・きな粉をバットにふるっておく。

・小豆こしあんは、1個25gに分けて丸めたら、冷蔵庫で冷やしておく。（やわらかめの小豆こしあんは、冷やしておくと包みやすい）

◆ 日もちの目安――常温で当日中

◆ 作り方

1

ボウルに本わらび粉と分量の水の1/3量を加えて溶かし、こしながら耐熱ガラスのボウルに移す。

2

残りの水でボウルの底に残った本わらび粉を溶いて残さずこし入れる。

3

グラニュー糖を加え、よくかき混ぜる。

4

ラップをして電子レンジ（600W）で1分加熱し、グラニュー糖を溶かす。

＊本わらび粉は沈殿しやすいので、混ぜたらすぐに電子レンジに入れましょう。

5

30秒、30秒と電子レンジにかけ、取り出すごとに、本わらび粉が沈殿しないようによくかき混ぜる。

＊電子レンジ加熱はラップをかけながらします。

6

再び1分30秒、1分30秒、30秒と3回に分けて加熱しては取り出し、よく練る。透明感が出て粘りのある状態を目安に加熱する。

＊季節や気温により生地の状態を見てコシが足りないようなら30秒～1分加熱を追加します。

7

きな粉を敷いたバットに生地を取り出す。

8

内側にきな粉が入らないように注意して二つ折りにする。

9

上にきな粉をふり、ちぎり分けやすいように、しばらくその状態のままおき、軽く粗熱を取る。

10

生地を半分に分け、生地をのばさないように持ち、10等分にちぎり分ける。

11

1個を左手にのせ、上面のきな粉をはけで払う。

12

あん玉を中央にのせて左手を返し、右手であんをつまむように持ち、左手の親指と人差し指で輪を作り、あんにそわせるようにして生地をのばす。

13

あんが隠れたら生地を中央に集め、しっかり閉じる。形を整えて、きれいなバットに移し、上からきな粉をふるう。

冷やしわらび餅

◆ **材料(3〜4人分)**

本わらび粉……20g
水……140mℓ
グラニュー糖……20g
和三盆糖……20g
和三盆糖のシロップ(30ページ参照)……適量

◆ **日もちの目安**——作りたて

◆ **作り方**

1 ボウルに本わらび粉と分量の水の1/3量を加えて溶かし、こしながら耐熱ガラスのボウルに移す。残りの水でボウルの底に残った本わらび粉を溶いて残さずこし入れる。グラニュー糖と和三盆糖を加え(a)、かき混ぜる。

2 ラップをして電子レンジ(600W)で1分加熱して、砂糖を溶かす。

＊本わらび粉は沈殿しやすいので、混ぜたらすぐに電子レンジに入れましょう。

3 30秒、30秒と電子レンジにかけ、取り出すたびにわらび粉が沈殿しないようによくかき混ぜる。

4 再び1分30秒加熱して取り出し、全体をしっかり練る。

＊季節や気温により生地の状態を見てコシが足りないようなら、さらに30秒〜1分加熱します。

＊電子レンジの加熱はラップをかけながらします。

5 氷水を入れたボウルに4を入れ、ボウルの中で一口大にちぎる(b)。

6 器に5を盛り、和三盆糖のシロップを添える。

a 生地に和三盆糖を加えることで風味がよくなる。

b 氷水を入れたボウルに取って一気に冷やしたら、食べやすい一口大にちぎる。

錦玉
杏茶巾《あんずちゃきん》

透明感が涼しげな錦玉《きんぎょく》は夏の和菓子。
型がなくても作れるように
茶巾絞りで仕上げました。
常温で固まるので、
あわてないように
準備をしてとりかかりましょう。
お好みで黒蜜などを添えて。

錦玉 杏茶巾

錦玉（きんぎょく）

煮溶かした寒天に砂糖や水飴などを加えて煮詰めた錦玉液を、流し固めたものが錦玉。錦玉羹ともいう。

◆ **材料（10個分・出来上がりの寒天液は約340g）**

角寒天……4g
水……250mℓ
グラニュー糖……150g
水飴……20g
小豆こしあん（固め・22ページ参照）……120g
杏の蜜煮（30ページ参照）……約10個

◆ **準備すること**

- 角寒天は8時間以上水に浸し、乳白色になるまで戻しておく。
- 小豆こしあんは1個12gに分けて丸めておく。
- ぐいのみなど、適当な大きさの容器に18cm四方に切ったラップか、ポリシートを敷き込んでおく。
- 口を絞るワイヤータイを10本準備しておく。

◆ **日もちの目安**——冷蔵で1～2日

◆ **作り方**

1

杏の蜜煮は小さく三角に切って、あん玉の上に3片ずつのせておく。

2

浸しておいた角寒天を絞り、水気をきって鍋にちぎり入れ、分量の水を加えて中火にかける。

3

途中何度かへらで混ぜて寒天を溶かし、沸騰してきたら火を弱める。
＊へらで混ぜすぎると寒天が溶けにくくなるので注意しましょう。

4

寒天が溶けたらグラニュー糖を加えて溶かす。

5

グラニュー糖が溶けたら、火を強め、ひと煮立ちさせてからあくを取る。

6

火を止め、水飴を加えて溶かす。

7

さらし布巾をかけたこし器で、6をボウルにこし入れる。

8

水を入れた別のボウルに底を当てながら、湯気が抜ける程度に粗熱を取る。
＊冷やしすぎると固まってくるので注意しましょう。

9

計量カップなどに寒天液を移し、ラップを敷き込んでおいた容器に、34gずつ注ぐ。

＊煮つめ具合により、寒天液の出来上がり量には多少の違いが出ます。

10

ひと呼吸おいて1で準備したあん玉を静かに入れる。

＊ひと呼吸おくと寒天が固まり始めます。これを「半止まり」といいます。

11

容器の中の寒天液が固まらないうちに茶巾絞りにして、ワイヤータイで口を結ぶ。

＊固まらないうちに絞ると、ひだがきれいにできます。

12

固まるまで吊るしておく。

＊平らな所におくよりも、物干しハンガーなどを利用して吊るして固めると、形よく仕上がります。

錦玉 杏羹《あんずかん》

水紋の型に流した錦玉は
夏のおもてなしに最適。
杏茶巾と同じ材料を使って流し固めました。

◆ 材料（10個分）

杏茶巾に同じ（43ページ参照）

◆ 準備すること

・角寒天は8時間以上水に浸し、乳白色になるまで戻す。
・小豆こしあんは1個12gに分けて丸めておく。
・杏の蜜煮は小さく切っておく。

◆ 日もちの目安

――冷蔵で1～2日

◆ 作り方

1 杏茶巾の作り方の2～8（43ページ参照）と同じように寒天液を作る。

2 型を濡らし、寒天液を七分目まで注ぎ（a）、杏を散らし（b）、あん玉を入れ（c）、残りの寒天液でふたをするように注ぎ加える（d）。

3 固まったら冷蔵庫で冷やす。

＊冷えたら竹串などで型からはずし、器に盛り、好みで黒蜜（30ページ参照）をかけます。

a 型を水でさっと濡らし、寒天液を型の七分目まで注ぐ。

b 細かく切った杏の蜜煮を、箸で調整しながら散らす。

c 丸めておいたあん玉を真ん中に入れる。

d 残りの寒天液でふたをするように流し固める。

水羊羹《みずようかん》（小豆《あずき》・抹茶《まっちゃ》）

暑い夏の日、
ひんやりとした喉ごしの水羊羹に
汗もひきます。
天然の角寒天を使い、
あんを丹念にこして流すと
なめらかに仕上がります。

作り方P46参照

小豆の水羊羹

◆ **材料（15×13.5×4.5cmの流し缶1台分）**

角寒天	4g
水	470mℓ
グラニュー糖	130g
小豆こしあん（22ページ参照）	350g
本葛粉	8g
水	50mℓ
塩	少量

◆ **準備すること**

・角寒天は8時間以上水に浸し、乳白色になるまで戻しておく。
・流し缶を水で濡らし、ふせておく。

◆ **日もちの目安**——冷蔵で1～2日

◆ **作り方**

1

角寒天は白っぽくなるまでよく戻したら、絞って水気をきる。

2

鍋にちぎり入れ、水470mℓを加えて中火にかける。

3

沸騰してきたら火を弱め、途中何度かへらで混ぜ、寒天を溶かしていく。
＊混ぜすぎると寒天が溶けにくくなるので注意しましょう。

4

寒天が溶けたらグラニュー糖を加えて溶かし、途中あくが出たら取り除く。

5

さらし布巾をかけたこし器でボウルにこし入れる。

6

鍋に戻して中強火にかけ、小豆こしあんを加え、よく混ぜて煮溶かす。

7

ボウルで本葛粉を水50mℓで溶いたら、6の羊羹液を1/2カップ程度加え、混ぜ合わせて鍋に戻し、鍋底から静かに混ぜる。

8

沸騰したら塩を加えて火を止める。

9

8を目の細かいこし器でボウルにこす。

10

水を張った別のボウルに底を当て、へらでゆっくりかき混ぜながら粗熱を取る。

＊熱いまま流し缶に流し入れると、小豆こしあんと水分が分離して二層になってしまうので、混ぜながらとろみが出るまで冷まします。

11

へらの感触が重くなり、とろみが出てきたら静かに流し缶に流し入れる。

12

常温で冷まし、固めてから冷蔵庫で冷やす。流し缶から取り出し、好みの大きさに切り分ける。

＊流し缶を氷水につけると早く固まります。

抹茶の水羊羹

◆ 材料（15×13.5×4.5cmの流し缶1台分）

角寒天	4g
水	450mℓ
グラニュー糖	130g
白こしあん（24ページ参照）	350g
本葛粉	8g
水	50mℓ
抹茶	6g
熱湯	30mℓ

◆ 準備すること

・棒寒天は8時間以上水に浸し、乳白色になるまで戻しておく。
・抹茶はふるい、熱湯30mℓでダマのないように溶き、茶こしでこしておく（a）。
・流し缶を水で濡らし、ふせておく。

◆ 日もちの目安——冷蔵で1～2日

◆ 作り方

1 寒天液を作るところまでは、小豆の水羊羹の作り方1～5と同様（46ページ参照）。
2 寒天液をこしたら鍋に戻して中強火にかけ、白こしあんを加え、混ぜて溶かす。
3 本葛粉を水50mℓで溶き、2の羊羹液を1/2カップ程度加え、混ぜ合わせて鍋に戻す。鍋底から静かに混ぜ、沸騰したら準備した抹茶を加えて、泡立て器でよく混ぜて火を止める（b）。
4 目の細かいこし器でボウルにこし入れる。水を張った別のボウルに底を当て、へらでゆっくりかき混ぜながら粗熱を取る。
5 へらの感触が重くなり、とろみが出てきたら静かに流し缶に流し入れる。常温で冷まし固めてから冷蔵庫で冷やす。
6 流し缶から取り出し、好みの大きさに切り分ける。

a 抹茶は熱湯を少しずつ加えて溶く。抹茶は製菓用もあるが、薄茶用などで好みのものを使いたい。

b 羊羹液に溶いた抹茶を加えたら、泡立て器で混ぜるとダマにならない。

葛餅《くずもち》

品のいい味わいと香りは
本葛粉ならではのもの。
葛餅は作りたてが
何よりおいしいので、
機を逃さずに
楽しみましょう。

≫作り方P50参照

葛桜《くずざくら》

葛の中から
透けて見える小豆こしあんが、
なんとも涼味を誘う菓子。
桜の葉で包んで
葛に香りを移すのも
先人の風流です。

作り方P51参照

葛餅

◆ **材料**（14×11×4.5㎝の流し缶1台分）

本葛粉……50g
水……250㎖
グラニュー糖……12g
黒蜜（30ページ参照）……適量
きな粉……適量

◆ **準備すること**

・湯せんにかけながら練るので、本葛粉を練る鍋よりも、ひと回り大きな鍋（フライパンなど）に水を入れ、沸騰させておく。
・流し缶を水で濡らし、ふせておく。

◆ **日もちの目安**――作りたて

◆ **作り方**

1

ボウルに本葛粉と分量の水の2/3量を加えて溶かし、こしながら鍋に移す。

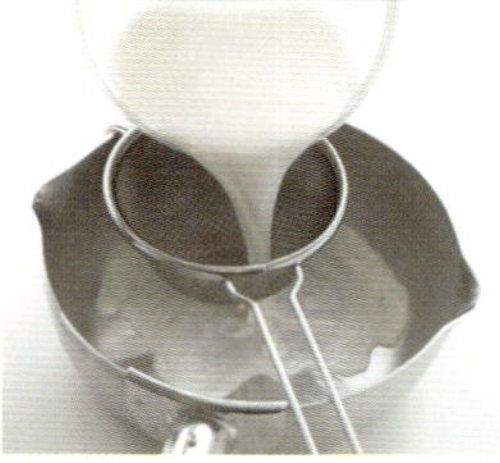

2

残りの水でボウルの底に残った本葛粉を溶いて、残さずこし入れたら、グラニュー糖を加える。

3

準備しておいた湯せん用の鍋を中火にかけ、2の鍋をのせ、へらで混ぜる。そのまま混ぜていくと、こんにゃく状のかたまりができてくる。

4

ところどころかたまりができたら一度湯せんから下ろし、力を入れて練り、半透明でなめらかな糊状にする。

5

再び湯せんにかけ、練り続ける。全体に透明感があり、弾力と粘りのある状態になるまで鍋底からしっかりと練り、湯せんから下ろす。

6

流し缶に生地を流し入れる。手を水で濡らし表面を平らになるように押さえる。

7

流し缶ごと冷水に入れ、冷やす。

8

固まったら冷水につけたまま、へらなどで流し缶からはがす。

9

好みの大きさに切り分けて、黒蜜、きな粉をかける。

＊葛菓子は冷やしすぎると白濁し、固くなって味も落ちるので、出来たてをいただきます。

葛桜

◆ 材料（10個分）

本葛粉	35g
水	175mℓ
グラニュー糖	70g
小豆こしあん（固め・22ページ参照）	220g
桜の葉の塩漬け	10枚

◆ 準備すること

- 小豆こしあんは、1個を22gに分けて丸めておく。
- ラップ（ポリシートでもよい）を15cm四方に、10枚切っておく。
- 2段の蒸し器の上段に乾いたさらし布巾、その上にクッキングシートを敷き、下段は水を入れて火にかけ、タイミングよく蒸気が上がるようにしておく。
- 湯せんにかけながら練るので、本葛粉を練る鍋よりも、ひと回り大きな鍋（フライパンなど）に水を入れ、沸騰させておく。

◆ 日もちの目安――作りたて

◆ 作り方

1

ボウルに本葛粉と分量の水の2/3量を加えて溶かし、こしながら鍋に移す。残りの水でボウルの底に残った本葛粉を溶き、残さずこし入れたら、グラニュー糖を加える。

2

準備しておいた湯せん用の鍋を中火にかけ、1の鍋をのせ、へらで混ぜる。そのまま混ぜていくと、こんにゃく状のかたまりができてくる。

3

ところどころにかたまりができたら一度湯せんから下ろして力を入れて練り、白くなめらかな糊状になったら再び湯せんにかけて練る。半透明のなめらかな状態にする。

＊途中、鍋を湯せんから下ろし、余熱で全体をまとめるように力を入れて練ります。

4

切っておいたラップをクッキングスケールにのせ、へらとスプーンなどで丸くなるように生地（1個約22g）をのせる。

5

手を濡らしながら、ラップの上で生地を丸く広げ、あん玉をのせ、あんが出ないように包んで形を整える。

＊葛は固くなりやすいので、3～4個ずつ計量しては残りの生地を湯せんにかけながら、あんを包んでいくと楽です。

6

5のラップをはずし、蒸し器に間隔をあけて並べ、露取り用の布巾で包んだふたをして、強火で4～5分蒸す。

＊透明になるまで蒸します。蒸しすぎると割れたり、風味が落ちたりするので注意します。

7

蒸し上がったら蒸し器のままふたを取って常温におき、粗熱が取れてから手に水をつけ、クッキングシートを敷いたバットの上に取り出す。

8

桜の葉をさっと水洗いして余分な塩分を取り除き、軸を切り、キッチンペーパーで水気を取る。葉の裏が外側にくるように熱の取れた7を巻く。

＊葛菓子は冷やしすぎると白く濁り固くなって、味も落ちてしまうので、食べる前に15～30分程度冷蔵庫で冷やすとよいでしょう。

小豆羹《あずきかん》

「水饅頭の素」で作る
夏向きの和菓子。
黒ごまを加えてこくを出し
杏の酸味で、あんの風味を
ひき立てました。
笹の葉の衣を着せて
ちょっとよそゆきの風情です。

作り方P54参照

青柚子羹《あおゆずかん》

青柚子のさわやかな香りが
夏にふさわしい冷菓。
半透明の生地に甘納豆が
水玉模様のように涼やかです。
冷凍を半解凍していただいても
喉ごしよく楽しめます。

≫作り方P55参照

小豆羹

◆ **材料（14×11×4.5㎝の流し缶1台分）**

水饅頭の素（9ページ参照）	35g
グラニュー糖	120g
水	480mℓ
小豆こしあん（22ページ参照）	200g
干し杏（5㎜角に切ったもの）	30g
炒り黒ごま	5g
笹の葉	適量
いぐさ	適量

◆ **準備すること**

・鍋の重量を計量しておく。
・流し缶は水で濡らし、ふせておく。
・炒り黒ごまは、指先で少しすりつぶす。
・笹の葉は水で洗い、いぐさはぬるま湯につける。

◆ **日もちの目安**――冷蔵で1～2日

◆ **作り方**

1

ボウルに水饅頭の素とグラニュー糖を入れて混ぜ合わせ、分量の水を入れた鍋に、ダマにならないよう泡立て器でかき混ぜながら加える。

2

中強火にかけ、混ぜながら沸騰させ、中火にしてへらで3分ほど練る。一度火を止めて小豆こしあんを加え、泡立て器で混ぜて溶かす。

3

あんが溶けたらへらに替え、再び中火にかけ、鍋底から焦がさないよう大きくへらを動かしながらよく練る。その後は羊羹液が640gになるまでクッキングスケールにのせて計量しながら練り続ける。

＊クッキングスケールの上に濡れた布巾を敷いて計量しましょう。

4

黒ごま、干し杏を加え、ひと煮立ちさせて火を止める。

5

準備した流し缶に、玉じゃくしで底が見えなくなるくらいに羊羹液を入れ、ひと呼吸おいてから残りの羊羹液を静かに入れていく。流し缶の底を軽く打ちつけて表面を平らにする。粗熱を取り、冷蔵庫に入れて冷やす。

＊羊羹液を一気に入れると杏が底に沈むので、静かに入れましょう。

6

冷やし固めた小豆羹を、好みの大きさに切り分け、笹の葉で巻き、いぐさで結ぶ。

＊冷やし固めた小豆羹を、冷凍庫で凍らせてから切ると、角が立ったきれいな姿に切り分けられます。

青柚子羹

◆ **材料（14×11×4.5cmの流し缶1台分）**

水饅頭の素（9ページ参照）……35g
グラニュー糖……120g
水……480mℓ
白こしあん（24ページ参照）……200g
青柚子の皮……適量
大納言甘納豆……40g

◆ **準備すること**

・鍋の重量を計量しておく。
・流し缶は水で濡らし、ふせておく。
・青柚子の皮をすりおろしておく。

◆ **日もちの目安**――冷蔵で1～2日

◆ **作り方**

1

ボウルに水饅頭の素とグラニュー糖を入れて混ぜ、水を入れた鍋に、ダマにならないよう泡立て器でかき混ぜながら加える。中強火にかけ、混ぜながら沸騰させ、中火にしてへらで3分ほど練る。

2

一度火を止めて白こしあんを加え、泡立て器で混ぜて溶かす。

3

あんが溶けたらへらに替えて、再び中火にかけ、鍋底から焦がさないように大きくへらを動かしながらよく練る。その後は、羊羹液が640gになるまで、計量しながら練り続ける。

4

火を止めて青柚子の皮を加え、混ぜ合わせる。準備した流し缶に玉じゃくしで底が見えなくなるくらいまで羊羹液を入れる。

5

鍋に残った羊羹液に甘納豆を加え、全体に散らばるように混ぜ、流し缶に静かに入れていく。

＊流し缶に一気に流し入れると甘納豆が底に沈んでしまうので、静かに入れます。

6

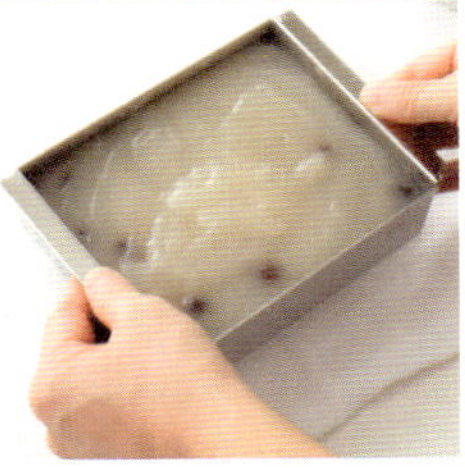

流し缶の底を台に軽く打ちつけて表面を平らにする。粗熱を取り、冷蔵庫に入れて冷やし、食べやすい大きさに切り分ける。

＊冷やし固めた青柚子羹を、冷凍庫で凍らせてから切ると、角が立ったきれいな姿に切り分けられます。

黄身時雨《きみしぐれ》

少しずつ表情の違う
ひび割れが、時雨の空に似ています。
ていねいに裏ごしした
黄身あん生地の、
ほろほろとした口溶けが
たまりません。
やさしい黄色と風味のよさで
人気の高い和菓子です。

≫作り方P58参照

小豆時雨《あずきしぐれ》

小豆の色と香りを生かした
生地の中身は、
まろやかなさつま芋あん。
香ばしく炒った黒ごまを
散らしたようすは、
気取りのない
親しみやすさが魅力です。

≫作り方P59参照

時雨（しぐれ）

あんに上新粉、砂糖などを混ぜ合わせ、そぼろ状にしたものを押し固めて蒸して作る。京菓子ではこれを「村雨（むらさめ）」と呼ぶ。

黄身時雨

◆ 材料（12個分）

白こしあん（24ページ参照）……280g～
ゆで卵の黄身（固ゆで）……1個分（約15g）
A［上新粉……5g
　 ベーキングパウダー……0.4g
卵黄（生）……1個分
小豆こしあん（22ページ参照）……180g

◆ 準備すること

・Aは混ぜ合わせておく。
・卵黄は茶こしでこす。
・小豆こしあんは12個（1個15g）に分けて丸める。
・蒸し器上段に乾いたさらし布巾を敷き、その上にわら半紙を重ねて敷く。下段に水を入れて火にかけ、タイミングよく蒸気が上がるようにしておく。

◆ 日もちの目安

――常温で2～3日

point

＊生地を分けたり、あんを包んだりするときは、濡れ布巾で手をまめに拭きながら作業を進めましょう。
＊黄身時雨は蒸したてより、翌日のほうが全体になじんでしっとりとします。

◆ 作り方

1

耐熱ガラスのボウルに白こしあん（あんの水分によって量を加減する）を入れ、キッチンペーパーをかけて電子レンジ（600W）で加熱し、手につかない固さまになるで水分を飛ばす。

＊加熱時間の目安は3～4分ですが、あんに含まれる水分量や季節、電子レンジによっても異なります。
＊あんは一気に加熱せず、1分ごとに加熱を繰り返しましょう。

2

1の白こしあんを250g計量し、別のボウルに取り分け、水で濡らして固く絞ったさらし布巾をかぶせて冷ます。

3

卵を15分ほど固ゆでにし、水に5分さらしたら黄身を取り出し、バットの上に裏ごし器をおいて、黄身がほの温かいうちに裏ごしする。

4

冷めた2の白あんの1/3量を裏ごし器の網目に詰まった黄身と一緒にこし出し、手でよく混ぜる。

5

4を残りの白あんと合わせ、よくもみ混ぜ、もう一度裏ごしする。

＊すぐ乾いてしまうので手早く作業します。

6

5をボウルに戻し、Aを茶こしなどでふるいながら加え、粉が見えなくなるまでもみ混ぜたら、卵黄を小さじ1加え、さらにもみ混ぜる。加減しながら耳たぶくらいの固さに調整する。

＊固ければ卵黄を少しずつ加えます。固さがちょうどよくなれば、卵黄は使いきらなくてもかまいません。

7

6の生地を計量して12等分にし、丸めて平らにする。

8

中央にあん玉をのせ、軽く握りながら、もう一方の手の指先であんを軽く押さえて包む。

9

生地の口をすぼめ、しっかり閉じる。同様に計12個包み、丸く形を整える。

10

準備した蒸し器に間隔をあけて並べ、露取り用の布巾で包んだふたをし、強火で5分蒸したら、ケーキクーラーなどに壊れないように取り出して冷ます。粗熱が取れたら乾燥しないうちに和菓子専用のケースなどに入れる。

小豆時雨

◆ 材料(12個分)

小豆こしあん(22ページ参照)……280g～

ゆで卵の黄身(固ゆで)……1個分(約15g)

A
- 上新粉……5g
- ベーキングパウダー……0.4g

卵黄(生)……1個分

さつま芋あん(27ページ参照)……180g

炒り黒ごま(生地用)……3g

炒り黒ごま(飾り用)……適量

◆ 準備すること

・Aは混ぜ合わせておく。
・卵黄は茶こしでこす。
・さつま芋あんは12個(1個15g)に分けて丸める。
・蒸し器の準備は黄身時雨と同様にする。

a 黒ごまはバットに散らし、生地を押しつけるとよい。

◆ 日もちの目安

――常温で2～3日

◆ 作り方

1 耐熱ガラスのボウルに小豆こしあんを入れ、キッチンペーパーをかけ、電子レンジ(600W)で加熱し、手につかない固さまで水分を飛ばす。

2 1のあん250gを、別のボウルに取り分けて、水で濡らして固く絞ったさらし布巾をかぶせて冷ます。

3 ゆで卵の黄身はほの温かいうちに裏ごしし、冷めた2のあんの1/3量を、裏ごし器の網目につまった黄身と一緒にこし出す。

4 3を手でよく混ぜ、ボウルに戻し、残りの小豆こしあんとよくもみ混ぜ、もう一度裏ごしする。

5 4をボウルに戻し、Aをふるいながら加え、粉が見えなくなるまでもみ混ぜる。

6 5に卵黄小さじ1を加えてもみ混ぜ、加減を見ながら卵黄を足し、耳たぶくらいの固さに調整する。

7 黒ごま(生地用)を指先ですりつぶし、生地と混ぜ合わせ、計量しながら12等分する。

8 7の生地を丸めて平らにし、あん玉をのせて包み、丸く形を整えて12個作る。

9 バットに黒ごま(飾り用)を散らし、8の上部を軽く押しつけて黒ごまをつける(a)。

10 蒸し器に並べ、強火で5分蒸す(黄身時雨の10参照)。

小豆《あずき》の浮島《うきしま》

浮島は洋菓子作りに似た感覚で作れるのが人気です。栗はびっしりと敷きつめると切り口がきれいに。柚子皮を加えて秋冬の和菓子らしく仕上げましょう。

作り方P62参照

焼《や》きりんごの浮島《うきしま》

あんをたっぷり混ぜて蒸し上げた
しっとりした食感の蒸しカステラ。
ほろ苦い焼きりんごと
シナモンの香りが
よく合っています。

作り方P63参照

浮島（うきしま）

あんに卵黄、砂糖を混ぜ合わせ、薄力粉、固く泡立てたメレンゲを加え合わせた生地を型に流し、蒸し上げたもの。

小豆の浮島

◆ **材料**（12×12×5cmの角枠）

小豆こしあん（22ページ参照）……180g
卵黄（生）……30g（約2個分）
上白糖……32g
A ┌ 上新粉……13g
　 └ 薄力粉……10g
B ┌ 卵白……70g（約2個分）
　 └ 上白糖……13g
栗の甘露煮……70g
大納言甘納豆……20g
柚子の皮……少量

◆ **日もちの目安**

——常温で2～3日

◆ **準備すること**

- 卵黄は茶こしでこしておく。
- 上白糖はすべてふるっておく。
- 卵白はボウルに入れて冷やしておく。
- 角枠（14ページ参照）のサイズに合わせて、クッキングシート2枚を十文字に敷いておく。
- 蒸し器の下段に水を入れて火にかけ、タイミングよく蒸気が上がるようにしておく。

◆ **作り方**

1 栗の蜜をきる

耐熱ボウルに栗の甘露煮と、かぶるくらいの蜜を入れ、電子レンジ（600W）で1～2分加熱し、ざるに上げて蜜をきる。冷めたら1cm角に切る。

2 浮島を作る

小豆こしあんに卵黄を加えてよく混ぜ、さらに上白糖32gを加え、混ぜ合わせる。

3

Aをふるいながら加え、粉気がなくなるまでよく混ぜる。柚子の皮をすりおろして混ぜ合わせる。

4

Bの卵白に上白糖13gを2～3回に分けて加え、メレンゲの角の先が曲がるくらいまで、きめ細かく泡立てる。

＊ハンドミキサーを使って、仕上げに泡立て器できめを整えるとよいでしょう。

5

3の生地に4のメレンゲを3回程度に分けて加え、つやが出るまで混ぜ合わせる。蒸し器に乾いたさらし布巾を敷き、その上に準備した角枠をおき、生地の半量を流す。

6

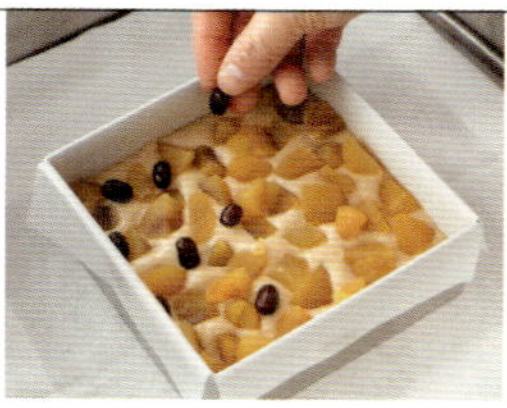

へらで平らにならし、栗の甘露煮と甘納豆を散らす。残りの生地を少しずつ入れ、へらで平らにならす。

7

蒸し器のふたを露取り用の布巾で包み、ふたをずらしてかぶせ、強火で25分蒸す。

8

蒸し上がったら、枠からはずしてックッキングシートをはがし、ケーキクーラーなどにのせて冷ます。粗熱が取れたら表面を平らにするために、クッキングシートの上に、逆さまにおいて冷まし、好みの大きさに切り分ける。

浮島の切り方

図のように、周りの端は薄く切り落とし、幅2.5cm×長さ4cmに切り分けます。こうすると、きれいな形に10個取れます。

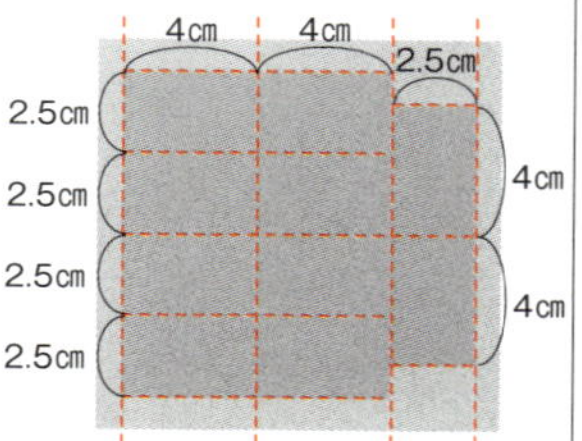

焼きりんごの浮島

◆ **材料**（12×12×5cmの角枠）

白こしあん（24ページ参照）……180g
卵黄（生）……30g（約2個分）
上白糖……32g
A
- 上新粉……13g
- 薄力粉……10g
- シナモンパウダー……小さじ1/4

B
- 卵白……70g（約2個分）
- 上白糖……13g

〈カラメルりんご・100g〉
りんご（紅玉）……1個（皮と芯を除いた正味130〜180g）
グラニュー糖……80g
熱湯……25mℓ

◆ **準備すること**

・卵黄は茶こしでこしておく。
・上白糖はすべてふるっておく。
・卵白はボウルに入れて冷やしておく。
・角枠のサイズに合わせて、クッキングシート2枚を十文字に敷いておく。
・蒸し器の下段に水を入れて火にかけ、タイミングよく蒸気が上がるようにしておく。

◆ **日もちの目安**——常温で2〜3日

◆ **作り方**

1　カラメルりんごを作る

小鍋にグラニュー糖を大さじ1入れて中火にかけ、鍋をゆすりながら砂糖を溶かす。色づき始めたら、少量ずつ残りのグラニュー糖を加えては溶かして色をつけ、最後に熱湯を加えて混ぜる。

2

皮をむいて芯を取り、8等分のくし形に切ったりんごを鍋に入れ、色づいてしんなりするまで弱火で煮て冷ます。

3　浮島を作る

白こしあんに卵黄を加えてよく混ぜ、さらに上白糖32gを加え混ぜ合わせる。

4

合わせたAをふるいながら加え、粉気がなくなるまでよく混ぜる。

5

Bの卵白に上白糖13gを、2〜3回に分けて加え、メレンゲの角の先が少し曲がるくらいになるまで、きめ細かく泡立てる。

＊ハンドミキサーを使って、仕上げに泡立て器できめを整えるとよいでしょう。

6

4の生地に5のメレンゲを3回程度に分けて加え、つやが出るまで混ぜ合わせる。

7

蒸し器に乾いたさらし布巾を敷き、その上に準備した角枠をおき、半量程度の生地を流してりんごの半量を散らす。その上に残りの生地の半量を少しずつ入れ、残りのりんごを離して散らす。

8

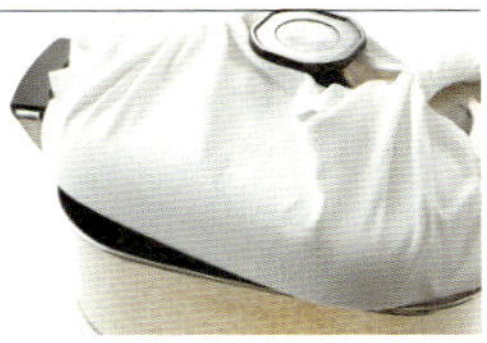

最後に残りの生地を入れて、平らになるようにへらでならす。蒸し器のふたを露取り用の布巾で包み、ふたをずらしてかぶせ、強火で25分蒸す。

9

蒸し上がったら、枠からはずしてクッキングシートをはがし、ケーキクーラーなどで冷ます。粗熱が取れたら、表面を平らにするためにバットなど平らなものの上にクッキングシートを敷き、逆さまにおいて冷まし、好みの大きさに切り分ける。

桃山

お多福《たふく》

白こしあんに
卵黄を加えた生地は
ほろりと舌の上でくずれ、
卵の滋味が広がります。
福を呼び込むという
縁起のよい
お多福豆の形です。
節分のお菓子に。

桃山 お多福

桃山（ももやま）

主に白あん、砂糖、卵黄をベースにした焼き菓子。桃山の生地は卵黄由来の濃い黄色で、この菓子は外皮がなく、黄身あんそのものを焼いている。形も自由度が高い。

◆ 材料（16個分）

白こしあん（24ページ参照）生地用	360g～
ゆで卵の黄身（固ゆで）	1個分（約15g）
寒梅粉	5g
卵黄（生）	10g
みりん（生地用・仕上げ用）	適量
白こしあん（24ページ参照）あん玉用	288g

◆ 準備すること

- あん玉用の白こしあん288gは、1個18gに分けて丸めておく。
- 底が焦げやすいので天板にアルミホイルとクッキングシートを重ねて敷いておく。
- オーブンを220℃に温めておく。
- 卵黄は使う直前に茶こしでこしておく。

◆ 日もちの目安――常温で2～3日

◆ 作り方

1

耐熱ボウルに生地用の白こしあんを入れ、キッチンペーパーでふたをして飛び散らないようにし、電子レンジ（600W）で加熱する。

2

1分ごとにようすを見ながら加熱を繰り返しては混ぜ、あんが手につかないくらいの固さになるまで水分を飛ばす。

＊ボウルの水滴を布巾でまめに拭き取りながら加熱しましょう。
＊あんの仕上がりは、粉ふき芋のようなホクホクの状態が目安です。
＊加熱時間はあんに含まれる水分量や季節によって異なります。

3

2のあん330gを別のボウルに取り分けて、水で濡らして固く絞ったさらし布巾をかぶせて冷ます。

4

卵を15分ほど固ゆでにし、水に5分さらしたら黄身を取り出し、黄身がほの温かいうちに裏ごしする。

5

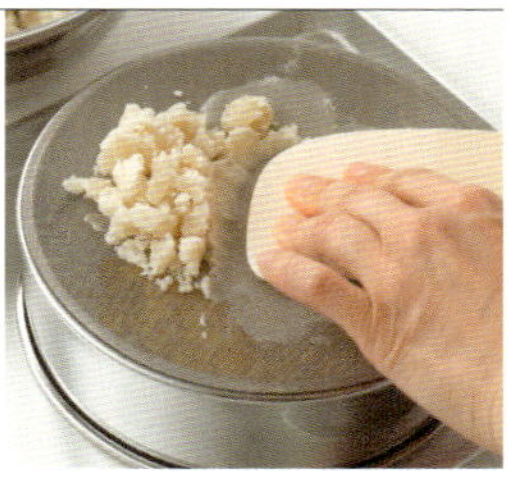

3の冷ました白こしあんの1/3量を裏ごし器の網目につまった黄身と一緒にこし出す。

6

こし出した黄身と白こしあんを手でよく混ぜたら、もう一度裏ごしする。ボウルに戻して残りの白こしあんとよくもみ混ぜ、寒梅粉を加える。

7

粉が見えなくなるまでもみ混ぜる。そのままラップで包み、1時間から一晩休ませる。

＊夏季はラップをして冷蔵庫で休ませます。

8

7をボウルに入れ、卵黄を加えてよくもみ混ぜる。

9

次にみりん小さじ1を加えてもみ混ぜる。

＊みりんの量は固さによって調整しながら加えます。

10

全体を手でよくもみ混ぜて、粘りのあるなめらかな生地に仕上げる。

11

生地を1個約20gの16等分にして、準備したあん玉を包む。楕円形にして中央をへこませ、お多福豆の形に成形する。

＊親指のつけ根のふくらんだ部分を中央に押しつけると形よくへこみます。

12

三角べら（14ページ参照）で筋をつけて、豆の形に仕上げる。

13

準備した天板に12をのせ、220℃に温めておいたオーブンの下段で8〜10分焼く。裏を見て、焼き色がつき、丸く割れ目が入っていれば、さらに上段で10〜15分、ほどよい焼き色がつくまで焼く。

＊オーブンにより、焼き色のつき方が違うため、途中ようすを見ながら天板の向きや菓子の位置を変えます。

14

ケーキクーラーなどに取り出し、熱いうちにはけで全体にみりんを塗る。

15

熱が抜けたら乾燥しないように和菓子用のケースに入れて1日おく。

＊焼きたての桃山は少しパサついていますが、1日おくとしっとりします。この状態を「焼き戻り」といい、2日目から食べごろになります。

桃山
鈴《すず》

材料と作り方はお多福と同じ。
愛らしい鈴の形に
アレンジして仕上げました。

◆ 材料（16個分）

白こしあん（24ページ参照）生地用……360g ～
ゆで卵の黄身（固ゆで）……1個分（約15g）
寒梅粉……5g
卵黄（生）……10g
みりん（生地用・仕上げ用）……適量
白こしあん（24ページ参照）あん玉用……288g

◆ 準備すること

・お多福（65ページ参照）と同様。

◆ 日もちの目安――常温で2～3日

◆ 作り方

1 お多福の作り方の1～10（65～66ページ参照）と同様に生地を作り、あん玉を包む。
2 手の上で転がして丸く形を整えたら（a）、三角べら（14ページ参照）の2本筋の部分で半円に筋をつける（b）。次に三角べらの1本筋の部分で筋をつけ（c）、箸先で穴を開け（d）、鈴の形に仕上げる。
3 お多福の作り方の13～15（66ページ参照）と同様に焼いて仕上げる。

a 両手を使ってやさしく転がし、丸く成形する。

b 三角べらの2本筋の部分を生地に当て、ぐるりと半円に筋を入れる。

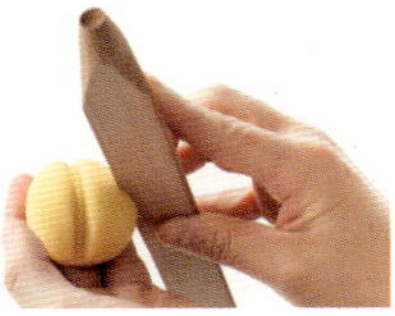

c 三角べらの1本筋の部分を裏側の生地に当て、鈴の形に似せた筋を入れる。

d 箸の先を生地に当て、丸く穴を開けて、鈴の形を完成させる。

煎《せん》茶《ちゃ》饅頭《まんじゅう》

くるみ饅頭《まんじゅう》

バターを加えた生地で
小さく丸めた焼き饅頭は
中身が小豆あんでも変わりあんでも
バランスよく仕上がります。
どんなあんが包まれているかは
割ったときのお楽しみです。

くるみ饅頭

◆ 材料（20個分）

溶き卵	40g
上白糖	60g
バター（食塩不使用）	25g
重曹	1g
薄力粉	120g
薄力粉（手粉用）	適量
くるみ黄身あん（26ページ参照）	520g
くるみ（飾り用）	適量

◆ 準備すること

・天板にクッキングシートを敷いておく。
・オーブンを180℃に温めておく。
・上白糖、生地用の薄力粉はそれぞれふるっておく。
・重曹は少量の水（分量外）で溶いておく。
・くるみ黄身あんは1個26gに分けて丸めておく。
・飾り用のくるみは粗く刻んでおく。
・湯せん用に熱湯を沸かしておく。

◆ 日もちの目安——常温で1～2日

◆ 作り方

1

ボウルに溶き卵を入れて、上白糖を加えてよく混ぜ合わせる。

2

バターを溶けやすいように切って加える。

3

上白糖とバターが溶けるまで、軽く湯せんにかける。

＊卵と上白糖がなじんでいないと焼き上がりに斑点が出てしまうのでよく溶かします。

4

3を冷まし、水で溶いた重曹を加える。

5

薄力粉を加え、さっくりと混ぜ合わせる。ラップをかけ冷蔵庫で30分ほど休ませる。

＊バターが入っているので、生地がだれると手粉が入りすぎたり、扱いにくくなったりします。

6

手粉用の薄力粉をふるったバットに生地をあける。

7

6を手でたたむようにして、固さの調整をしながら、生地がなめらかになるまでよくもんでまとめる。

8

7の生地を計量しながら、1個13gに分ける。

9

手粉をつけ、生地のひとつを左手にのせ、丸く押し広げ、はけで上面の余分な粉を払う。

10

準備したあん玉をのせ、軽く握るようにあんにそわせて生地をのばしながら包む。

11

生地を指先でつまんで中央で閉じたら、両手でやさしく形を整える。

12

表面についた余分な粉をはけで払い、準備した天板に間隔をあけて並べる。

＊余分な粉がついていると、焼き上がりにむらが出てしまいます。

13

飾り用のくるみを中央に1片ずつのせていく。

14

まんべんなく霧吹きで霧を吹いて表面をしっとりとさせる。180℃に温めておいたオーブンの下段に入れて約15分焼く。

＊オーブンは機種等によってそれぞれに違いがあるので焼き時間は目安として焼きむらが出ないように途中で位置を変え、焼き色がついたものから取り出すなどしてようすを見ながら焼いていきます。

15

焼き上がったらケーキクーラーなどにのせて冷ます。

＊焼きたては皮がさくさくの食感で、1日おくとしっとりします。

煎茶饅頭

◆ 材料(20個分)

溶き卵	40g
上白糖	60g
バター(食塩不使用)	25g
重曹	1g
薄力粉	120g
薄力粉(手粉用)	適量
煎茶の葉	小さじ1強
煎茶の葉(飾り用)	適量
小豆こしあん(22ページ参照)	520g

◆ 準備すること

・天板にクッキングシートを敷いておく。
・オーブンを180℃に温めておく。
・上白糖、生地用の薄力粉はそれぞれふるっておく。
・重曹は少量の水(分量外)で溶いておく。
・小豆こしあんは1個26gに分けて丸めておく。
・煎茶の葉は茎を除き、細かく刻んでおく。
・湯せん用に熱湯を沸かしておく。

◆ 日もちの目安――常温で1～2日

◆ 作り方

1 ボウルに溶き卵を入れて、上白糖を加えてよく混ぜ合わせる。バターも加え、上白糖とバターが溶けるまで軽く湯せんにかけて、よく混ぜる。
＊卵と上白糖がなじんでいないと焼き上がりに斑点が出てしまいます。

2 1を冷まして水で溶いた重曹を加える。

3 薄力粉に刻んだ煎茶を加え(a)、2とさっくり混ぜ合わせる。ラップをかけて冷蔵庫で30分ほど休ませる。

4 手粉用の薄力粉をふるったバットに生地をあけ、手でたたむようにして固さの調整をしながら生地をもんでまとめる。

5 生地を1個13gに分ける。手粉をつけ、1個を左手にのせ、丸く押し広げてはけで上面の余計な粉を払う。準備したあん玉をのせ(b)、包む。

6 表面についた余分な粉を払い、準備した天板に間隔をあけて並べる。

7 まんべんなく霧吹きで霧を吹き、飾り用の煎茶を少量のせる(c)。

8 180℃に温めておいたオーブンの下段に入れて約15分焼く。

9 焼き上がったらケーキクーラーなどにのせて(d)、冷ます。

a 生地に混ぜる煎茶は、太い茎などを取り除き、細かく刻んでおく。

b 生地を平らにし、丸めておいた小豆こしあんをのせて形よく丸める。

c 生地に霧吹きをして湿らせてから、飾りの煎茶をのせるとよくつく。

d 焼き上がったら冷ます。焼きたては皮がさくさく、翌日はしっとりの食感。

column

「市販のあん」を使う場合

豆から煮て手作りしたあんのおいしさは格別ですが、「市販のあん」を用いてもかまいません。

製菓材料店、大手スーパー、また和菓子屋さんなどで購入できます。

使い方のポイントをQ&A方式でまとめてみました。

Q 「市販のあん」を購入するときに注意することは。

A 口に合う自然な甘みのあんがおすすめです。原材料の表示を確認しましょう。また、あんの甘さや状態がわかっている同じ店から購入するほうが、扱いのコツがつかめるので、段取りよく和菓子作りができます。

Q 「市販のあん」を用いるときに注意することは。

A 市販品はやわらかい状態が多いです。その場合は耐熱ガラスのボウルに入れて電子レンジ(600W)で1分加熱して混ぜ、ようすを見てまた1分加熱しては混ぜるを繰り返して水分を飛ばしましょう。多少やわらかいくらいなら、キッチンペーパーの上に小分けにしておいて水分を吸わせて調整するとよいでしょう。

Q あんを均一な大きさに分けるコツは。

A 必要な分をすべて準備の段階であん玉にして用意することが肝心です。

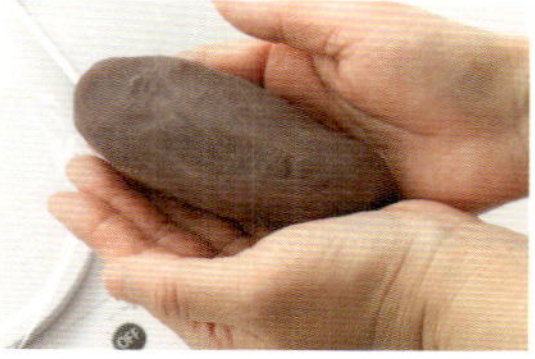

1 あんは持ちやすい大きさの紡錘形にまとめる。

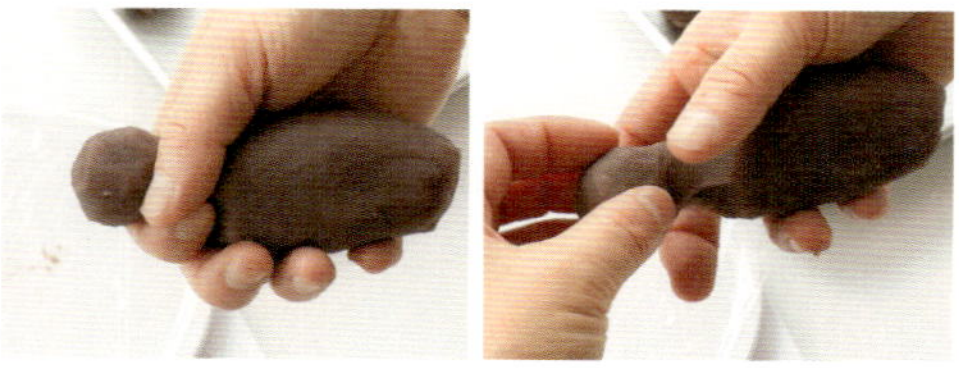

2 親指と人差し指でほぼ1個分を丸く押し出して引きちぎる。

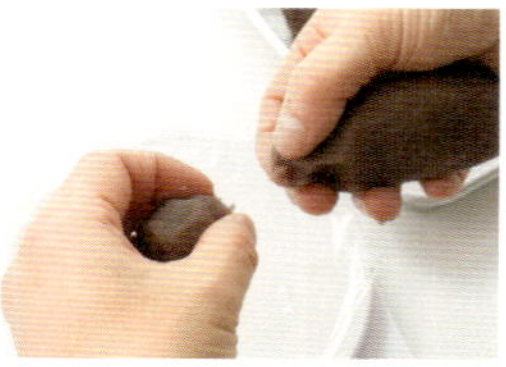

3 計量して過不足を調整し、丸める。

Q 包む生地とあんの固さや甘さの相性がありますか。

A 相性はとても大切です。やわらかい生地にはやわらかいあんを包み、固めの生地には固めのあんを包みます。焼き菓子の場合は、水飴を入れて糖度を上げたり、ドライフルーツのピールやラムレーズンを加えたりします。

Q あんは保存できますか。

A 冷凍保存することができます。小分けにしてラップで包んで(ごはんを冷凍するのと同様に)冷凍。おいしく食べられる保存期間の目安は2週間。使うときは、冷蔵庫解凍がおすすめです。

第2章

季節と行事を愛でる

空気が潤みをおびて春の香りがしてくると
桜餅、草餅が目にうれしく口においしく感じます。
そして端午の節句、水無月……夏を越えて
実りの季節の栗菓子など……、
季節の息吹を放つ和菓子暦は巡ります。
節目節目に邪気を払い、息災を願う
季節の和菓子を手づくりしてみませんか。

桜餅《さくらもち》

道明寺粉のつぶつぶ感と
なめらかな小豆こしあんの
調和が絶妙な桜餅。
桜葉の香りをほんのりと
生地に移して
春の味を満喫しましょう。

桜餅

◆ 材料(10個分)

道明寺粉(五ツ割り)……120g
ぬるま湯(約50℃)……200mℓ
上白糖……25g
塩……少量
色粉(紅色)……少量
小豆こしあん(22ページ参照)……170g
桜の葉の塩漬け……10枚
蜜(下記参照)……適量

◆ 準備すること

・色粉は少量の水で溶いておく。
・小豆こしあんは、1個17gに分けて丸めておく。
・上白糖はふるっておく。
・蜜を作る。耐熱ガラスの小さいボウルに上白糖10gと水20mℓを入れて電子レンジ(600W)で20〜30秒加熱し、取り出してよく混ぜて上白糖を溶かし、そのまま冷ます。

◆ 日もちの目安――常温で当日中

◆ 作り方

1

分量のぬるま湯に準備した色粉を少量入れ、薄紅色に染める。

2

耐熱ガラスのボウルに道明寺粉を入れ、1を加えてダマがなくなるようによく混ぜる。ラップをかけてそのまま10分ほどおき、十分に水分を含ませる。

＊指でつぶしてみて芯が残っているようなら、ぬるま湯を少量足して水分を吸収させます。

3

全体をよく混ぜてからラップをかけ、電子レンジ(600W)で3分加熱する。一度取り出し、全体を混ぜて再びラップをかけて2分加熱する。

4

上白糖と塩を加え、切り混ぜる。乾いたさらし布巾をかけ、5分ほど蒸らす。

5

4の道明寺の生地を計量しながら10等分する。

＊ここからの作業は手に蜜をつけながら行います。生地が冷めると固くなり、表面がきれいに仕上がりにくくなります。

6

手のひらに生地をのせ、上から押さえて平らにし、中央に準備したあん玉をのせて包む。

7

全部包んだら、一度手をきれいに洗ってから、両手で転がして俵形に整える。

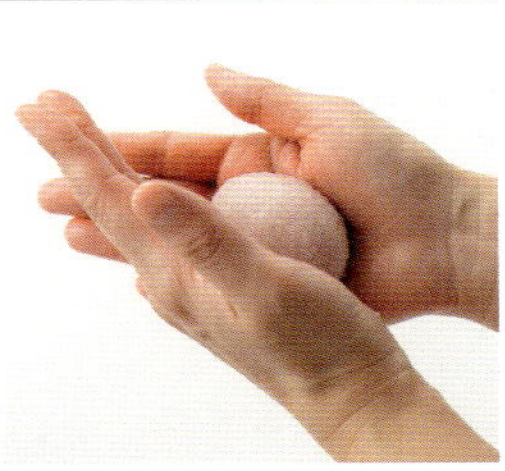

8

桜の葉をさっと水洗いして塩分を除く。軸を切って、キッチンペーパーで水気を取ったら、葉の裏が外側にくるように、7を巻く。

いちご大福《だいふく》

大福にいちごを入れるという
斬新なアイデアも
今ではすっかり定番の
人気菓子になりました。
いちごの先端が出るように
あんで包み、
餅生地から紅色が
ほんのり透けるように仕上げます。

いちご大福

◆ **材料(8個分)**

餅粉……50g
白玉粉……50g
上白糖……25g
水……150mℓ
小豆こしあん(22ページ参照)……約200g
いちご(中粒)……8粒
片栗粉(手粉用)……適量

◆ **準備すること**

- 上白糖はふるっておく。
- バットに片栗粉をふるっておく。
- いちごはへたを除き、水気を拭いておく。
- 小豆こしあんは1個23gに分けて丸めておく。

◆ **日もちの目安**――常温で当日中

◆ **作り方**

1

いちごの先端が出るように、1個ずつ小豆こしあんで包み、合わせて40gになるようにあんを調整する。

2

ボウルに白玉粉を入れ、分量の水の半量を加えてダマができないように混ぜ、ペースト状にする。残りの水を加えて溶きのばす。

3

耐熱ガラスのボウルに、餅粉と上白糖を入れて混ぜ合わせ、2を少しずつ加えてよく混ぜ合わせる。

4

3にラップをして電子レンジ(600W)で1分30秒加熱し、取り出して全体をよく混ぜる。

5

再びラップをして、2分、1分、1分と電子レンジにかけ、そのつど取り出しては上下を返すように練り、コシのある餅状にする。

6

片栗粉をふるったバットに5を取り出し、内側に片栗粉が入らないように注意して二つ折りにする。

7

生地をちぎって8等分する。

8

1個を左手にのせ、はけで上面の片栗粉を払う。1のいちごを包んだあん玉をのせる。左手を返し、右手で下からあん玉をつまむようにして持つ。左手の親指と人差し指で輪を作り、あん玉にそわせるようにして生地をのばしていく。

9

裏に返して生地をつまんで中央に集め、しっかり閉じる。両手の中で転がして丸く形を整える。

檸檬《レモン》白玉《しらたま》ぜんざい

レモン風味の白玉が
小豆の甘さとフルーツの風味を
まとめてくれます。
おいしい白玉さえ作れば
あとは、ゆで小豆とフルーツを用意するだけで
とびきりの白玉ぜんざいに。

檸檬白玉ぜんざい

◆ 材料（5人分）

白玉粉……100g
水……100mℓ
レモンの皮……適量
ゆで小豆……350g（1人分約70g。器の大きさで加減を）
いちご……適量

◆ 準備すること

・前日までにゆで小豆を用意し、冷やしておく。
・いちごは、へたを取り除いて食べやすい大きさに切る。

◆ 日もちの目安——作りたて

◆ 作り方

1

ボウルに白玉粉を入れ、分量の水を2～3回に分けて加えながら手でよくこねて、だれないくらいの固さになるまでもみまとめる。

＊水は一度に全量を入れずに少し残しておき、固さを調整します。

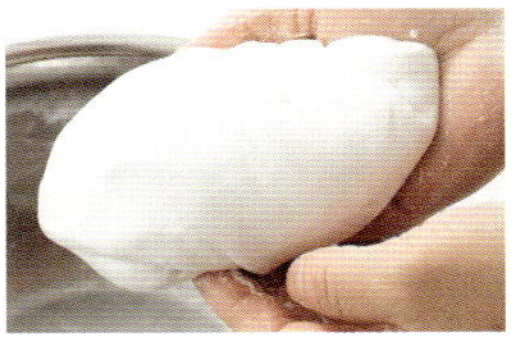

2

レモンの皮をすりおろして加え、全体に混ぜ合わせる。

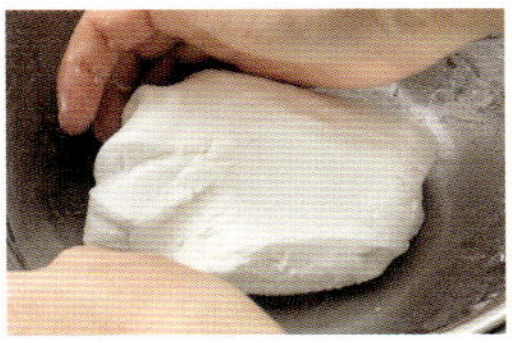

3

丸く押し出して6gにちぎり分け、丸めて中央を少しへこませる。

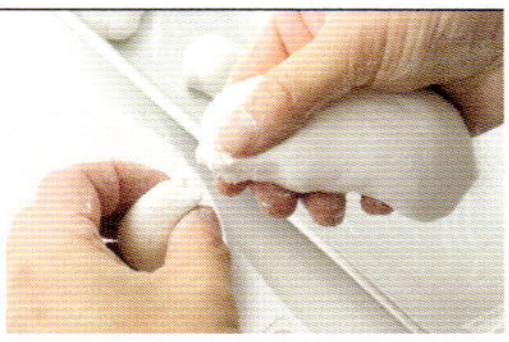
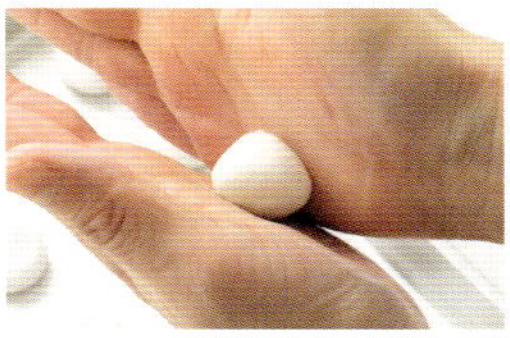

4

鍋にたっぷりの湯を沸かし、3を入れてゆでる。浮き上がってきたら中弱火にして2～3分ほど、ふっくらしてくるまでゆで、網じゃくしですくって冷水にとって冷やす。

＊白玉が湯の中で上下に浮遊するくらいの火力でゆでます。白玉が躍るようだと火が強すぎます。

5

器にゆで小豆を盛り、水気をきった白玉、いちごをのせ、レモンの皮を細く切り、飾る。

＊白玉は長く冷蔵庫に入れると固くなり、風味も落ちますから、要注意。

ゆで小豆

◆ 材料（出来上がり730g）

小豆……200g
グラニュー糖……180g
きび糖……60g
水……適量

◆ 作り方

1 小豆つぶあん（20ページ）の1～7を参考に小豆を煮る。煮上がったら、ふたをしたまま30分ほど蒸らす。

2 弱火にかけ、グラニュー糖ときび糖を2～3回に分けて加え、とろみがつくまで煮つめる。（日持ちは冷蔵で3～4日）

甘夏羹《あまなつかん》

甘夏の皮を器にした
見た目も楽しい涼菓。
豊潤な果汁の滋味と
かすかな皮のほろ苦さが魅力です。
甘夏の時季は短いので
ひとときの贅沢をどうぞ。

甘夏羹

◆ **材料（2個分）**

角寒天……4g
水……230mℓ
グラニュー糖……150g
甘夏……2個
水飴……40g

◆ **準備すること**

・角寒天はたっぷりの水に8時間以上つけておく。
＊寒天液は常温で固まります。あわてず作業ができるように、材料や道具の準備をしておきましょう。

◆ **日もちの目安**——冷蔵で1～2日

◆ **作り方**

1

甘夏は、よく洗ってふたにする部分の上面を切り落とす。切り口や皮を傷つけないように、ていねいに果肉を取り出す。

2

果汁を搾り、ざるでこして200mℓを取り分けておく。

3

中身を取り出した皮の器に、水を入れてあくを抜く。
＊ほかの作業をしている間の10～15分ほど水を入れておきます。

4

角寒天の水気を絞って鍋にちぎり入れ、分量の水を加えて中火にかける。沸騰してきたら火を弱め、途中何度かへらで混ぜ、寒天を溶かしていく。

＊約5分が目安です。へらで混ぜすぎると寒天が溶けにくくなるので注意しましょう。

5

寒天が溶けたら、グラニュー糖を加えて溶かし、ひと煮立ちさせてあくを取る。火を止め、水飴を加えて溶かす。

＊寒天が溶けないうちに砂糖を入れると、最後まで寒天が溶けずに残るので注意します。

6

さらし布巾をかけたこし器で5をこして、ボウルに入れる。

7

水を入れた別のボウルを用意し、6の底を当てながら粗熱を取る。

8

粗熱が取れたら、2の果汁を加えて混ぜ合わせる。

9

8を計量カップなどに移し、水気をよくきった甘夏の皮の器に注ぐ。常温で冷ましてから、冷蔵庫で冷やし固め、切り分ける。

＊寒天液は固まると沈むので、甘夏の器の口いっぱいまで注ぎましょう。

甘辛団子《あまからだんご》(草団子《くさだんご》・みたらし団子《だんご》)

上新粉で作る団子は
しこしこと歯切れがよく、
後をひくおいしさです。
甘党にはよもぎが香る草餅を
つぶあんとの最強コンビで。
辛党には、しょうゆが香ばしい
みたらしのたれをたっぷりとからめて。

みたらし団子

◆ **材料(10本分)**

上新粉……120g
白玉粉……23g
上白糖……23g
水……150mℓ
〈みたらしのたれ〉
水……90mℓ
上白糖……75g
しょうゆ……30mℓ
本葛粉……12g
みりん……小さじ1と1/2

◆ **準備すること**

・団子の竹串は水につけておく。
・本葛粉は倍量の水(分量外)で溶いておく。

◆ **日もちの目安**――常温で当日中

◆ **作り方**

1 耐熱ガラスのボウルに上新粉、白玉粉、上白糖を入れ、水150mℓを少しずつ加えながら混ぜ合わせる。
2 1にラップをかけて電子レンジ(600W)で1分30秒加熱して取り出し、混ぜ合わせる。
3 再びラップをして電子レンジで2分加熱して取り出し、上下を返すように練り混ぜ、さらに2分加熱して取り出す。ボウルの中で練り混ぜた生地を、水で濡らして固く絞ったさらし布巾に取り出す。
4 さらし布巾ごともんでまとめたら、薄くのばして水を張ったボウルに1分ほどつけて粗熱を取る。
5 水を打った台の上に生地をあける。手水をつけながら耳たぶくらいの固さになるまでよくもみまとめる。
6 1個15gに分けて丸め(a)、ラップを敷いたバットに並べる。準備した串に2個ずつ刺す。
7 鍋にみたらしのたれの水、上白糖を入れ火にかけ、上白糖が溶けたらしょうゆを加える。準備しておいた水溶き本葛粉を加え、沸騰してとろみが出てきたら、仕上げにみりんを加える。
8 団子を焼き網で焼いて軽く焼き目をつけ、7のたれをからめる(b)。

a 生地を計量しながら同じ大きさにちぎり、ラップを敷いたバットに並べる。

b みたらしのたれは器に入れ、焼き目をつけた串団子をくぐらせる。

草団子

◆ **材料(10本分)**

上新粉……120g
白玉粉……23g
上白糖……23g
水……150mℓ
乾燥よもぎ(固形)……5g
小豆つぶあん(やわらかめ・20ページ参照)……適量

◆ **準備すること**

・鍋に水適量(分量外)と乾燥よもぎを入れ、沸騰してから弱火で5分煮たら水気を絞る。固い筋を取り除き、包丁で細かく刻んで、15g分を取る。
・団子の竹串は水につけておく。

◆ **日もちの目安**――常温で当日中

◆ **作り方**

1 耐熱ガラスのボウルに上新粉、白玉粉、上白糖を入れ、分量の水を少しずつ加えながら混ぜ、刻んだよもぎを混ぜる(a)。
2 1にラップをかけて電子レンジ(600W)で1分30秒加熱し、取り出してよく混ぜ合わせる。
3 再びラップをして電子レンジで2分加熱して取り出し、上下を返すように練り混ぜ、さらに2分加熱して取り出す。ボウルの中で練り混ぜた生地を、水で濡らして固く絞ったさらし布巾に取り出す。
4 3をさらし布巾ごともんでまとめ(b)、薄くのばして、水を張ったボウルに1分ほどつけ、粗熱を取る。
5 水を打った台の上に生地をあける。手水をつけながら耳たぶくらいの固さになるまでよくもみまとめる。
6 5を1個15gに分けて丸めたら、ラップを敷いたバットに並べる。準備した串に2個ずつ刺す。
7 6にやわらかめの小豆つぶあんをのせる。

a 刻んだよもぎ15gを加えて、色が均一になるようによく混ぜ合わせる。

b 生地は熱いので、手水をつけながら、さらし布巾ごともんでまとめる。

柏餅《かしわもち》

子供の健やかな成長を祝う端午の節句、
「こどもの日」にいただくお菓子。
柏は若葉が芽吹くまで古葉が落ちないことから、
跡継ぎが絶えない縁起のよい葉とされています。
あんは、柏の葉の香りと好相性のみそあん。
大きな葉は餅の乾燥防止にもなり、手土産にも最適です。
上新粉の餅が一般的ですが、ここでは
電子レンジで作れる道明寺の柏餅を紹介します。

柏餅

◆ **材料（10個分）**

道明寺粉（四ツ割り）……120g
上白糖……25g
塩……少量
ぬるま湯（約50℃）……200mℓ
みそあん（87ページ参照）……170g
柏の葉……10枚
蜜（下記参照）……適量

◆ **準備すること**

・上白糖はふるう。
・みそあんは、1個17gに分けて丸める。
・蜜を作る。耐熱ガラスの小さいボウルに上白糖10gと水20mℓを入れて電子レンジ（600W）で20〜30秒加熱し、取り出してよく混ぜて上白糖を溶かし、そのまま冷ます。

◆ **日もちの目安**――常温で当日中

◆ **作り方**

1

耐熱ガラスのボウルに道明寺粉を入れ、ぬるま湯を加えてダマができないようによく混ぜて水分を吸収させ、ラップをかけてそのまま10分ほどおいて十分に水分を含ませる。

＊指でつぶしてみてガリッとした芯が残っていたら、ぬるま湯を少量足して吸収させます。

2

全体をよく混ぜ、ラップをかけて電子レンジ（600W）で3分加熱する。一度取り出し、全体を混ぜて再びラップをかけて2分30秒加熱する。

3

上白糖、塩を加えて切り混ぜ、乾いたさらし布巾をかけて5分ほど蒸らす。全体を計量し、10等分にする。

4

あんを包む。手のひらに生地をのせ、上から押さえて平らにし、中央に準備したあん玉をのせて包み、俵形に整える。

＊ここからの作業は手に蜜をつけながら行います。生地が冷めると固くなり、表面がきれいに仕上がりにくくなります。
＊あんの包み方は75ページ・桜餅の項を参照。

5

柏の葉は水洗いしてキッチンペーパーで水気を拭き取り、葉の裏が表になるように5を包む。

青楓餅《あおかえでもち》

柏餅と同じ道明寺の餅に
きらきら輝く氷餅をまぶし、青楓の葉を添えて
青葉が水辺に映える初夏の風情を楽しみましょう。
水の模様「水紋」の焼き印を押すと、さらに本格的に。

青楓餅

◆ 材料（10個分）

道明寺粉（四ツ割り）……120g
上白糖……25g
塩……少量
ぬるま湯（約50℃）……200mℓ
ごま小豆あん（右下参照）……170g
氷餅（仕上げ用）……適量
青楓の葉……10枚
蜜（85ページ準備参照）……適量

◆ 準備すること

・柏餅（85ページ）と同様。

◆ 日もちの目安――常温で当日中

◆ 作り方

1 耐熱ガラスのボウルに道明寺粉を入れ、分量のぬるま湯を加え、ダマができないようによく混ぜて水分を吸収させ、ラップをかけてそのまま10分ほどおいて十分に水分を含ませる。

＊指でつぶしてみてガリッとした芯が残っていたら、ぬるま湯を少量足して吸収させます。

2 全体をよく混ぜ、ラップをかけて電子レンジ（600W）で3分加熱する。一度取り出し、全体を混ぜて再びラップをかけて2分30秒加熱する。

3 上白糖、塩を加えて切り混ぜ、乾いたさらし布巾をかけて5分ほど蒸らす。全体を計量し、10等分にする。

4 あんを包む。手のひらに生地をのせ、押さえて平らにして中央にあん玉をのせて包み、俵形に整える。

＊ここからの作業は手に蜜をつけながら生地が温かいうちに行う。

＊あんの包み方は75ページ・桜餅の項を参照。

5 氷餅はほぐし、ざるでこして細かくし、4にまぶして形を整える。

＊あれば、水紋の焼き印を温め、上部に焼き付けます。

6 青楓の葉は洗ってキッチンペーパーで水気を拭き取り、5にのせる。

みそあん（固め）

◆ 材料（出来上がり約200g）

白こしあん（24ページ参照）……180g
水……60mℓ〜　グラニュー糖……8g
白みそ……40g

◆ 作り方

1 鍋に分量の水を入れて火にかけて沸騰したらグラニュー糖を加えて溶かし、白こしあんを加えて練り始める。

＊固いようなら、練りやすいやわらかさになるまで水を加えます。

2 あんをへらですくって落としてみて、山のようにこんもりとした状態になるくらいの固さまで練る。白みそを加えて全体を混ぜながら焦がさないようにさらに練り、好みの固さになったら火を止める。

3 あんを鍋肌にはりつけて、鍋肌について乾燥したあんと合わせて全体になじませ、小分けにしてバットに取り出して冷ます。

ごま小豆あん

◆ 材料（出来上がり約175g）

小豆こしあん（22ページ参照）……170g
黒ごま……5g

◆ 作り方

1 黒ごまは香りが出るまで炒り、すり鉢で軽くすりつぶす。

2 小豆こしあんはボウルに入れ、1を加えてよく混ぜ合わせる。

水無月《みなづき》

半年のけがれを祓う
6月30日の「夏越《なご》し」にいただくお菓子。
暑気を払う氷に見立てた白い三角形の餅の上に
邪気を払う小豆を散らします。
最近は黒糖を用いたバリエーションも人気です。

水無月

◆ 材料(15×13.5×4.5cmの流し缶1台分/12個分)

白玉粉	23g
本葛粉	15g
薄力粉	60g
上用粉	45g
上白糖	140g
水	210mℓ
大納言甘納豆	120g

◆ 準備すること

・上白糖はふるう。
・流し缶の中敷きをはずし、クッキングシートを十文字に敷く。
・蒸し器の下段に水を入れて火にかけ、タイミングよく蒸気が上がるようにしておく。

◆ 日もちの目安――常温で当日中

◆ 作り方

1

ボウルに白玉粉と本葛粉を入れ、分量の水を少しずつ加えてダマにならないように溶きのばす。

2

別のボウルに薄力粉と上用粉を合わせてふるい入れ、上白糖も加えて泡立て器で混ぜ合わせる。

3

2のボウルに1を少しずつ加えながら、ダマにならないように粉気がなくなるまで全体をよく混ぜ合わせる。

4

3から60gを別のボウルに取り分ける。

＊これは6で大納言甘納豆をのせるときに糊として用います。

5

準備した流し缶の中に生地を流す。蒸気の上がった蒸し器の上段に入れて中強火で20分蒸す。

＊敷き紙が流し缶からはがれないように、生地を少し塗っておきます。

6

20分経ったらへらで表面のぬめりを取り除き、4で取り分けた生地を流し、その上に大納言甘納豆を全体にむらなく散らす。

7

再度10分蒸し、枠から取り出して周囲の紙をはがし、そのまま自然に冷ましてから三角形(12等分)に切り分ける。

応用

黒糖水無月

◆ 材料と作り方

・上記水無月の材料の「上白糖140g」を「上白糖70g＋黒糖70g」にする。水は100mℓと110mℓに分けて用意する。
・黒糖は、耐熱ガラスのボウルに入れて水100mℓを加え電子レンジ(600W)で1分加熱して取り出してよく混ぜ、さらに30秒加熱して黒糖を溶かし、こして黒蜜を作る。
・プロセス1で白玉粉と本葛粉に水110mℓを加えて溶きのばし、黒蜜を加え混ぜ合わせる。プロセス2～7は水無月と同様に作る。

さつま芋《いも》と小豆《あずき》のかるかん

大和芋の豊かな風味と
白さが上品な蒸し菓子。
細く切って並べると、
あちこちから手が出ます。
ここではさつま芋と甘納豆を
散らしましたが
柚子の皮、桜の花の塩漬け、
栗などいろいろトッピングを
替えて楽しめます。
あんこを用いず、ワンボウルで
混ぜるだけなので
初心者の方にもおすすめです。

さつま芋と小豆のかるかん

◆ 材料（15×13.5×4.5㎝の流し缶1台分）

大和芋（皮をむき、すりおろしたもの）……60g
上白糖……80g
かるかん粉……60g
水……65mℓ
さつま芋……60g
大納言甘納豆……18g

◆ 準備すること

・上白糖はふるう。
・さつま芋は皮つきのまま1㎝角に切り、水にさらす。
・流し缶は中敷きをはずし、クッキングシートを十文字に敷く。
・蒸し器の下段に水を入れて火にかけ、タイミングよく蒸気が上がるようにしておく。

◆ 日もちの目安――常温で2～3日

◆ 作り方

1

大和芋はすり鉢に入れ、すりこぎですってなめらかにする。

2

上白糖の半量を3回に分けて加え、そのつどよくすり混ぜる。残りの上白糖と分量の水を交互に少しずつ加えながらすり混ぜる。

＊交互に加えて混ぜると、なじみやすくよく混ざります。

3

2にかるかん粉を3～4回に分けて加え、そのつどすりこぎですり混ぜ、均一になめらかな生地にする。

4

準備した流し缶に生地を流し入れる。

＊敷き紙が流し缶からはがれないように、生地を少し塗っておきます。

5

4の表面に水気をきったさつま芋と大納言甘納豆を均等に散らす。準備した蒸し器の上段に入れて強火で20～25分蒸す。

＊蒸し時間は気温、蒸気の上がり具合、大和芋のコシの強さなどによっても異なるので、状況を見極めて加減します。

6

蒸し上がったらクッキングシートを持ち上げてケーキクーラーなどに取り出す。周囲のクッキングシートをはがして冷ます。冷めたら好みの大きさに切り分ける。

どら焼《や》き

どら焼きは家庭で作れる
おやつの定番です。
とろりとやわらかなあんは、
しっとりと皮となじんで
みずみずしい味わいに。
つぶあん好きにはたまりません。

どら焼き

◆ **材料（約15個分）**

卵	3個
上白糖	170g
はちみつ	25g
重曹	2g
薄力粉	200g
水	80mℓ
小豆つぶあん（やわらかめ・20ページ参照）	450g
サラダ油	適量

◆ **日もちの目安**――常温で1～2日

◆ **準備すること**

・卵は常温に出しておく。
・上白糖、薄力粉はそれぞれふるっておく。

◆ **作り方**

1

つぶあんが固ければ、水（分量外）を適量加えて火にかけ、ややとろりとするまで繰り返し、ゆるめてバットに流し、冷ます。

＊熱いつぶあんにラップを密着させて冷ますと、水分が抜けず固くなりません。

2

ボウルに卵を割り入れ、泡立て器で溶きほぐす。上白糖を加え、泡立てすぎないようにしっかり混ぜ、はちみつも加えて混ぜ合わせる。

＊上白糖が溶けにくいようなら軽く湯せんにかけます。

3

重曹に分量の水から少量を取り分けて加え、よく混ぜて溶かし、2に加える。

4

3に薄力粉と残りの水をそれぞれ1/3量ずつ加えて泡立て器で混ぜていく。もう一度同量の水と薄力粉を入れて混ぜ、粉気がなくなったら残りの薄力粉と水を加え、ダマのないように混ぜ合わせる。

5

ラップをして、30分ほど常温におき、休ませる。

6

ホットプレートを180～200℃に温め、サラダ油を薄く塗る。火加減がよければ、スプーンなどで生地を丸く大きさがそろうように落とし、ふたをする。

＊まず生地を少量落として試し焼きをし、火加減と生地加減を確かめます。
＊生地を円の中心から落とすと、丸くきれいに焼くことができます。
＊生地を休ませた後や、焼いている途中で生地がつまって固いと感じるようなら、水を足して調整します。

7

表面に気泡が出てきたら、へらで返し、裏面を10秒ほど焼く。

8

焼き上がった生地はケーキクーラーなどにのせ、乾燥しないように乾いた布巾をかぶせる。

9

大きさのそろった2枚を組み合わせ、1枚にあんをのせ、2枚を合わせてはさむ。

栗茶巾《くりちゃきん》

秋の恵みの栗の実を
丹念に丹念に裏ごしし、
上等な和三盆糖で
風味をつけました。
絹布巾で絞ると
繊細で美しいひだができ
表情豊かな
茶巾絞りになります。

栗茶巾

◆ 材料(8個分)

栗(鬼殻付き)……280〜330g
上白糖……60g
和三盆糖……10g

◆ 準備すること

・上白糖、和三盆糖はそれぞれふるっておく。
・蒸し器の下段に水を入れ、上段にさらし布巾を敷いて火にかけ、蒸気を上げておく。

◆ 日もちの目安——常温で当日中

point

＊表面に焼き色をつける場合は、裏返しにしたバットに栗茶巾をのせてバーナー(15ページ参照)であぶる。

◆ 作り方

1

蒸し器に栗を入れ、40〜50分蒸す。

＊加熱不足だと栗本来のおいしさがひき出せないので、栗の大きさに合わせて時間を加減します。食べてみて、中までやわらかいか確認しましょう。

2

蒸し上がった栗が熱いうちに半分に切り、スプーンで中身をボウルに出し、200gを用意する。

3

バットの上に裏ごし器をおき、2を裏ごしし、耐熱ガラスのボウルに入れ、上白糖を加えて混ぜ合わせる。

4

3にキッチンペーパーをかぶせて電子レンジ(600W)で1分加熱し、取り出してよく混ぜて、さらに1分加熱し、水分を飛ばす。

＊手でさわってみて、生地が手にくっつかなくなるまで加熱します。
＊栗によって水分量などに違いがあるので、加熱時間は調整します。

5

4に和三盆糖を加え、練るように混ぜ合わせたら、生地が温かいうちに再び裏ごしする。

＊もう一度裏ごしすることで細かい皮が除かれ、口当たりがなめらかになります。

6

小分けにしてバットに取り、乾かないように、水で濡らして固く絞ったさらし布巾をかぶせて冷ます。

7

6が冷めたら、水で濡らして固く絞ったさらし布巾でもんでまとめ、全体を計量し、8等分にして丸める。

8

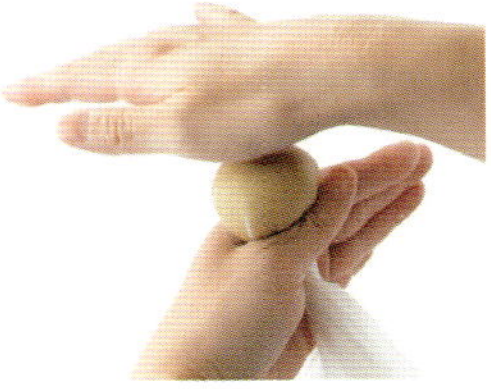

水で濡らして固く絞った絹布巾(14ページ参照)の真ん中に7をおく。ひだを寄せてひねり、絞ったらお尻を押して形を整える。

栗《くり》蒸《む》し羊羹《ようかん》

おいしいあんと
おいしい栗の甘露煮さえあれば
極上の栗蒸し羊羹が
生まれます。

生地と栗の固さを
同じくらいに仕上げるのが理想。
シャープで端正な切り口が
羊羹の存在感をひき立てます。

栗蒸し羊羹

◆ **材料**（12×12×5cmの角枠1台分）

小豆こしあん（22ページ参照）……300g
上白糖……30g
薄力粉……20g
本葛粉……5g
ぬるま湯（約40℃）……50mℓ前後
栗の甘露煮（市販品は、上質でやわらかなものを選ぶ）……150g
塩……ひとつまみ

◆ **準備すること**

- 上白糖はふるっておく。
- 栗の甘露煮は蜜ごと鍋に入れ、一度煮立たせてざるにあけ、蜜をきって冷ましておく（大きい栗は1/4に切る）。
- 蒸し器の下段に水を入れ、上段には乾いたさらし布巾を敷いて火にかけ、タイミングよく蒸気が上がるようにしておく。
- 角枠にクッキングシート2枚を十文字に敷いておく。

◆ **日もちの目安**——常温で1～2日

◆ **作り方**

1

ボウルに小豆こしあんと上白糖を入れ、へらでよく混ぜる。

2

1に薄力粉をふるいながら加え、よく混ぜ合わせ、粉気がなくなったら塩を加える。

3

別のボウルに本葛粉を入れ、分量の湯の1/3くらいを加えて混ぜ溶かし、こしながら2の生地に加える。残りの湯の半量でボウルに残った本葛粉を洗うようにして加える。

4

残った湯は生地の加減を見ながら加え、混ぜながら生地の固さを調整する。

＊へらで生地をたらしたとき、ある程度の幅でとぎれずに流れ落ち、落ちた生地が積み重なって山のような跡が残る程度の加減にします。

5

蒸し器の上段に、準備した角枠をおいて4の生地を少量入れる。

＊こうすると栗が底に直接当たらず、平らに仕上がります。

6

残りの生地に栗の甘露煮を加えて混ぜ合わせ、角枠の中に栗が均等に入るように少しずつ入れていく。すべてを入れてから表面を平らにならし、整える。

7

蒸し器のふたを露取り用の布巾で包んでかぶせ、強火で35分蒸す。蒸し上がったら火を止め、すぐに蒸し器の中で表面の余分な水分を、へらでならすようにして取り除く。

＊強火で長時間蒸すので、途中、蒸し器の湯を確認して減っていたら湯を足します。

＊蒸し上がりの表面は、熱いうちにすぐにならして、なめらかにします。

8

蒸したてはやわらかいので、粗熱が取れたら角枠からはずし、完全に冷ましてから好みの大きさに切り分ける。

＊端を切り落としたほうが、角が立って美しくなります。

蕎麦《そば》ぼうろ

さくさくとした歯ざわりと
素朴な風味が後をひく
蕎麦ぼうろ。
京都北野の梅にちなんだ花の形と、
つぼみを表す小さな丸形が
愛らしい焼き菓子です。

蕎麦ぼうろ

ぼうろ

ポルトガル語のボーロ（bolo）が語源で、小麦粉、砂糖、鶏卵、牛乳で作られた南蛮焼き菓子のこと。小麦粉を蕎麦粉におき替えたものが蕎麦ぼうろ。年中菓子だが、新蕎麦の季語は晩秋。晩秋から初冬のお菓子に。

◆ 材料（50〜60個分）

卵	1個（55〜60g）
バター（食塩不使用）	20g
三温糖	110g
重曹	3g
蕎麦粉	90g
薄力粉	90g
薄力粉（打ち粉用）	適量

◆ 準備すること

・卵は常温に戻しておく。
・天板にクッキングシートを敷いておく。
・オーブンを170〜180℃に温めておく。
・バターは湯せんにかけ溶かしておく。
・三温糖と粉類はそれぞれふるって混ぜ合わせておく。
・重曹は小さじ1の水で溶いておく。

◆ 日もちの目安――常温で1週間

◆ 作り方

1

ボウルに卵を入れて溶きほぐし、溶かしバターを加えてよく混ぜる。

2

水溶きした重曹を加え、さらに混ぜ合わせる。

3

ふるっておいた三温糖と粉類を2のボウルに加え、へらで切るように混ぜ合わせる。

4

粉気がなくなったら手でもんで、まとめる。

5

4をラップで包んで30分〜1時間ほど冷蔵庫で休ませる。

6

休ませた生地を軽くまとめ、薄力粉をふるった台の上に取り出す。生地の表面にも打ち粉をし、めん棒で5㎜の厚さにのばす。

7

好みの抜き型で抜き、間隔をあけて準備した天板に並べ、170〜180℃に温めておいたオーブンに入れ、10〜13分ほど焼く。

＊オーブンは機種等によって違いがあるので、焼き時間は目安です。ようすを見ながら焼きむらが出ないように途中で位置を変え、焼き色がついたものから取り出します。

8

焼き上がったらケーキクーラーなどにのせて冷ます。

＊多種の抜き型で抜いた場合は、焼き色をそろえるために、同じ型で抜いたものを一緒に焼きましょう。

＊冷めたら密閉容器に入れ、乾燥剤も入れて保存してください。

芋羊羹《いもようかん》

素朴な風味で
飽きのこない芋羊羹。
その昔、高価な練り羊羹の
代用として生まれ、
愛されてきたおやつだとか。
つぶすだけでなく、
きちんと裏ごしして仕上げると
なめらかな舌ざわりが
格別です。

芋羊羹

◆ **材料**（14×11×4.5cmの流し缶1台分）

さつま芋（皮をむいた正味）……400g
上白糖……90〜100g
塩……少量
炒り黒ごま（飾り用）……適量

◆ **準備すること**

・上白糖はふるっておく。
・流し缶にクッキングシート2枚を十文字に敷いておく。
・蒸し器の下段に水を入れ、上段に乾いたさらし布巾を敷いて火にかけ、タイミングよく蒸気が上がるようにしておく。

◆ **日もちの目安**——常温で1〜2日

◆ **作り方**

1

さつま芋は厚めに皮をむき、2cm厚さに切り、15分ほど水につけておく。

2

水気をきって蒸し器に並べ、強火で10〜15分、竹串がスッと刺せるくらいまで蒸す。

3

さつま芋が熱いうちにボウルに移し、上白糖と塩を加え、すりこぎやマッシャーなどを使ってボウルの中でつぶす。
＊上白糖は、芋の甘さにより加減しましょう。

4

水で濡らして固く絞ったさらし布巾を敷き、その上に裏ごし器をおいて、3が温かいうちに裏ごしする。

5

4をさらし布巾ごとよくもんで、まとめる。

6

準備した流し缶に5を約1/3量ずつ入れ、そのつど空気を抜くように手で均等に押してならす。

7

仕上げに表面を流し缶の中敷きなどで平らにしたら、乾かないようにクッキングシートをかぶせ、ラップをして冷蔵庫に入れる。

＊さつま芋が冷めないうちに、手早く作業しましょう。

8

1〜2時間ほどおいて、しっかりと固まったら、好みの形に切り分け、ごまを飾る。

花《はな》びら餅《もち》

正月を祝う雅なお菓子。
やわらかく真っ白な餅は
求肥に白あんと卵白を加えた雪平《せっぺい》生地。
薄紅に染めた餅を重ね、
ごぼうの蜜煮をはさみます。

花びら餅

◆ 材料(15個分)

白玉粉	80g
水	160mℓ
上白糖	120g
卵白	25g
白こしあん(24ページ参照)生地用	120g
色粉(紅色)	少量
みそあん(104ページ参照)	約200g
ごぼうの蜜煮(104ページ参照)	15本
片栗粉(手粉用)	500g

◆ 準備すること

- 作る2日くらい前からごぼうの蜜煮を作る。
- 上白糖はふるう。
- 卵白はコシをきってから計量する。
- 色粉は少量の水で溶く。
- 耐熱ガラスのボウルは直径25cm、高さ10.2cm(2.5ℓ)の大きさのものを用意する。
- 36cm枠の粉箱に片栗粉400gをふるい入れ、へらで平らにならしておく。(粉箱とは枠付きののし板のこと)
- 大きめのバットにクッキングシートを敷く(餅を並べるため)。

◆ 日もちの目安——常温で1〜2日

◆ 作り方

1

白色の雪平生地を作る

大きめの耐熱ガラスのボウルに白玉粉を入れ、水の半量を加えてダマができないようペースト状になる分量のまで混ぜ、残りの水を加えて溶きのばす。

2

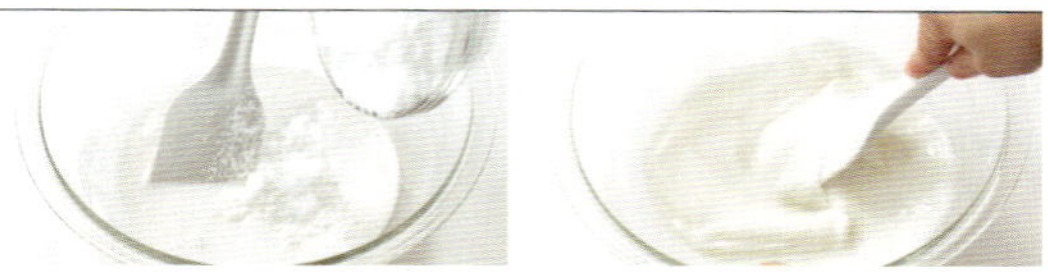

上白糖を加えて混ぜ合わせ、電子レンジ(600W)で1分30秒加熱して取り出し、へらで混ぜながら上白糖を溶かす。

3

再び2分、2分と加熱しては取り出して木べらに替えてしっかり混ぜて餅状にし、再度2分加熱後に取り出す。

4

白こしあんを加えてよく混ぜ合わせる。角が立つくらいに泡立てた卵白を加えてしっかり混ぜ合わせる。

＊卵白を加えると餅が分離したようになりますが、均一になるまで混ぜ合わせます。

5

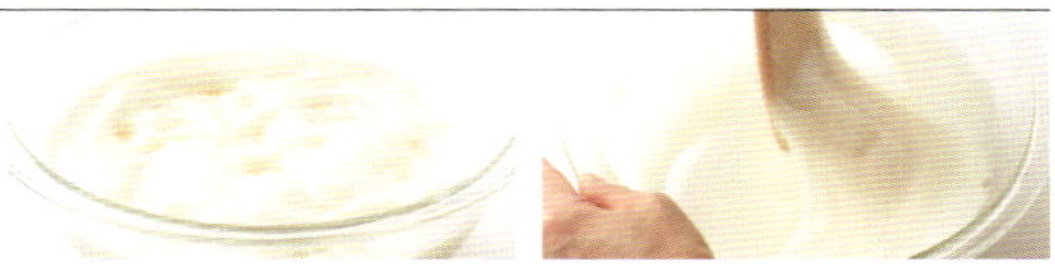

再びレンジで2分、2分と加熱しては取り出してへらで混ぜる。その後1分、1分と加熱しては取り出して全体をしっかり混ぜて、なめらかでつやのある状態に練り上げる。

＊季節や作る日の気温などによって加熱時間を調整しましょう。

＊コシが足りないようなら、ようすを見ながら30秒ずつ加熱して練ります。

6

準備した粉箱に5を取り出し、上面に残りの片栗粉をふるい、手で真ん中から外側に向かって少しずつ押しのばし、直径27cm、厚さ3mmくらいの均一な円形に押しのばす。そのままおいて少し冷ます。

7

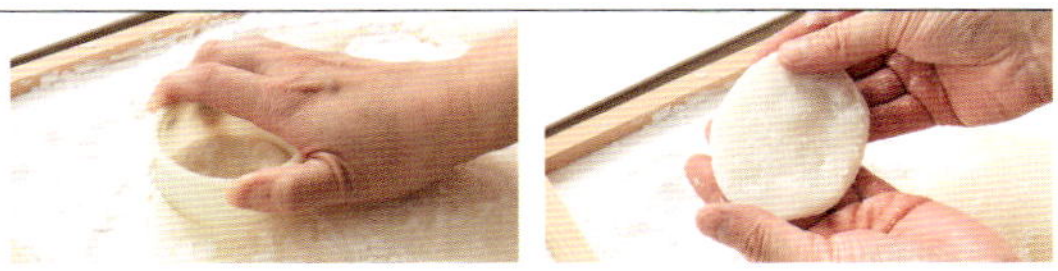

直径6cmの円形の抜き型で15枚抜く。手で楕円形(目安は長さ7cm、幅6cm)にのばして整え、準備したバットに並べる。

＊抜き型に餅がついているとうまく抜けないので、時々拭きましょう。

8 紅色の雪平生地を作る

抜いた残りの雪平生地をざるに移す。粉箱の片栗粉は取り出し、再び粉箱にふるい入れ、へらなどで平らにならす。

9

8の雪平生地は片栗粉をふるい落とし、水で洗い、小さめの耐熱ガラスのボウルに入れる。水小さじ1(分量外)を加え、電子レンジ(600W)で1分加熱して取り出してよく混ぜる。

10

水溶きの色粉で色をつけ、全体の色が均一になるように混ぜ、さらに30秒、30秒と加熱しては取り出して混ぜる。

11

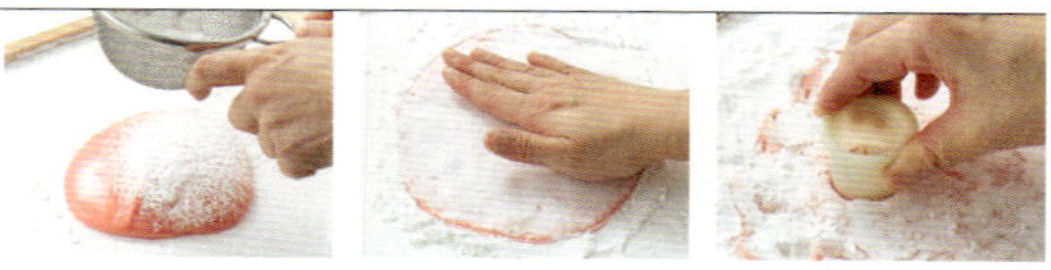

8で準備した粉箱に10の生地を取り出し、上面に片栗粉をふるい、手で厚さ2㎜くらいに均一に押しのばす。そのままおいて少し冷ます。直径3㎝の円形の抜き型で15枚抜いて、準備したバットに平らに並べる。

＊ここでは丸にしましたが、菱形にするやり方もあります。

12 成形する

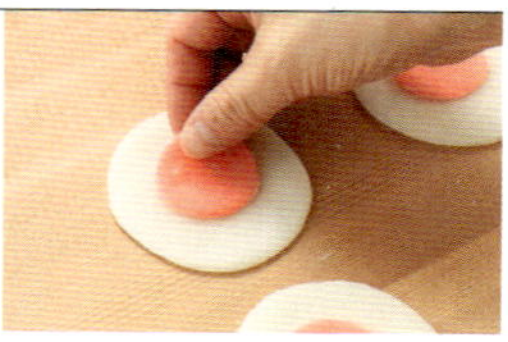

7の白色雪平の余分な片栗粉をはけで払ってきれいな面を下にしておき、11の紅色雪平も余分な片栗粉を払い、白色雪平の中央に重ねる。

13

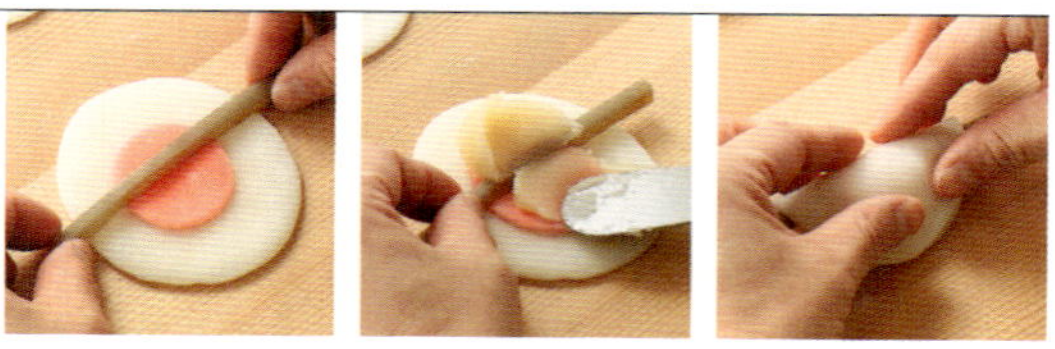

ごぼうの蜜煮をのせ、紅色雪平の上にみそあんをへらで高さが出るように塗り、半分に折って形を整える。

ごぼうの蜜煮

◆ 材料(24本分)

ごぼう……1本
グラニュー糖……200g　水……200㎖

◆ 作り方

1 ごぼうはタワシで洗って太さの均一な部分を長さ9㎝に切る。これを3本用意する。
2 鍋に1と酢水(分量外。水1ℓに対して酢大さじ1が目安)を入れて火にかけ､煮立ったら5分間そのまま煮て、ゆでこぼす。再び、鍋に水を入れてごぼうを戻し、竹串がスッと刺さるくらいになるまでやわらかくゆでる(30分ほどかかる)。
3 ざるに移して流水にさらし、水気をきり、細い棒状に8等分に切る。
4 鍋に分量の水を入れて火にかけ、沸いてきたらグラニュー糖を加えて煮溶かし、3を加えてひと煮立ちさせて火を止め、そのまま一晩(8～10時間)おいて甘みを含ませる。
5 4の鍋を火にかけてひと煮立ちさせてごぼうを取り出す。鍋に残った煮汁は中弱火くらいの火加減(フツフツとするくらい)で4～5分煮つめる。ごぼうを戻し、そのまま一晩(8～10時間)おいて甘みを含ませる。
6 使う前にひと煮立ちさせ、ごぼうをざるに移して煮汁をきって冷ます。

みそあん(やわらかめ)

◆ 材料(出来上がり約230g)

白こしあん……200g
(24ページ参照)
白みそ……40g
水飴……15g
水……65㎖

◆ 作り方

1 鍋に分量の水を入れて火にかけ、沸騰したら白こしあんを加えて練り始める。とろみがつき、へらで落とすとやっと立つくらいの固さになったら火を止める。
2 白みそを加えて全体を混ぜ合わせ、ひと煮立ちさせ、火を止めて水飴を加えて混ぜて溶かす。小分けにしてバットに取り出し、冷ます。

＊少しやわらかめに練り上げます。

第3章 茶席のお菓子

四季折々の風情を表す練《ね》りきり。
ふっくらと蒸し上げた姿が愛らしい薯蕷《じょうよ》饅頭。
茶席のお菓子として欠かせない、
和菓子の代表格ともいえる存在です。
そして意外に思われるのが干菓子《ひがし》。こちらも自家製で
楽しめます。品よく美しく仕上げて、
和菓子作りの醍醐味を味わってください。

春の練りきり ひとひら

桜の花びらがひとひら
風に舞う姿を思わせる練りきり。
茶巾で絞った繊細なひだと
ほのかな桜色がやさしげです。

»作り方P114参照

夏の練りきり

夏木立《なつこだ》ち

緑と白のきんとんで
さわやかな初夏の木立ちを表現。
きんとんの隙間から
木漏れ日が射してくるようです。

≫ 作り方P115参照

秋の練りきり 稲穂《いなほ》の風《かぜ》

黄金色に実る稲穂が
風になびいて頭《こうべ》を垂れています。
茶巾絞りの技で仕上げた
豊穣の秋にふさわしい練りきりです。

≫作り方P116参照

冬の練りきり

初霜《はつしも》

冬枯れの山を表したきんとんに霜で化粧をした冬の練りきり。散らした小豆がかわいらしいアクセントになっています。

作り方P117参照

練りきりの基本 1

練りきり生地の作り方

材料のあんによって水分量が違うので、
分量の白こしあんの水分を飛ばし、
「火取りあん」にする作業が欠かせません。
電子レンジを使い、ようすを見ながら
水分を飛ばしていくと、
焦がさず仕上げられます。

◆ **材料(出来上がり 約300g)**

白こしあん(24ページ参照)……300〜320g
(火取ったあんの出来上がりは280g)
求肥(111ページ参照)……28g
(火取ったあんの10%量を用意)

point

＊作業中は、手や作業台をつねにきれいにしておく。

◆ **作り方**

1

耐熱ガラスのボウルに白こしあんを入れ、キッチンペーパーでふたをして電子レンジ(600W)で加熱する。

2

一気に加熱せずに1分30秒、1分30秒とそのつど混ぜながら加熱し、ボウルの水滴をまめに拭き取る。

3

その後は1分ごとにようすを見ながら加熱する。手につかないくらいのほっくりした状態(粉ふき芋くらいの状態)まで水分を飛ばす。

＊加熱時間はあんに含まれる水分量や季節により違います。

4

3の火取りあんから280gを計量して、別のボウルに取り出す。

5

あんが熱いうちに求肥を加える。

＊求肥が固い場合は、電子レンジで10秒ほど加熱して扱いやすくします。

6

求肥がよく混ざるよう、ていねいに練り混ぜる。

7

ボウルから生地を取り出し、水で濡らして固く絞ったさらし布巾の上や、作業台の上で軽くまとめる。

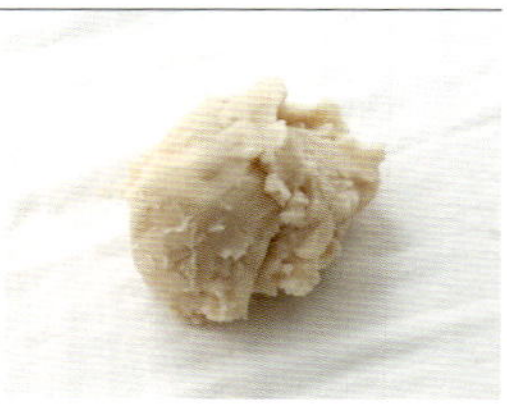

8

親指大にちぎって広げ、粗熱を取る。

9

ちぎってはもんでまとめる作業を、生地が完全に冷めるまで3〜4回繰り返す。

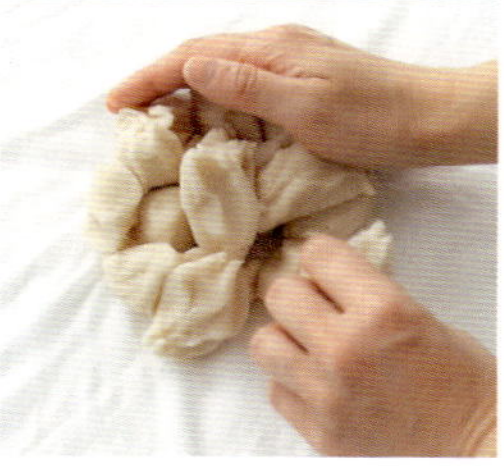

10

空気を含んで、白くなめらかな生地になるまでもんで、まとめる。

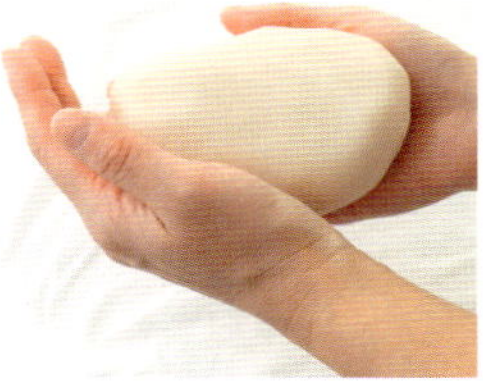

11

10をラップで包み、冷蔵庫で冷やしておく。

＊よくもんでまとめる工程には、2つの目的があります。表面のこわばりをなくすためと、あんの中に空気を入れ、白く仕上げるためです。白さが増せば、着色時の色の冴えもよくなります。

＊生地が固めにできてしまったら、8の作業で生地を大きめにちぎり、やわらかいときは小さめにちぎって分け、9の作業を繰り返しましょう。

求肥（練りきり用）の作り方

冷凍保存ができるので、多めに作って保存しておけば、
そのつど必要な分だけ使うことができます。

◆ 材料（出来上がり 約140g）

白玉粉……30g
上白糖……60g
水……60mℓ
水飴……6g
片栗粉（手粉用）
……適量

◆ 準備すること

・上白糖はふるっておく。
・片栗粉はバットにふるっておく。

a つやと透明感が出て、しっかり餅状になってから、水飴を混ぜる。

c 茶こしで片栗粉をふるうと、求肥が扱いやすくなる。後で余分な粉は落とす。

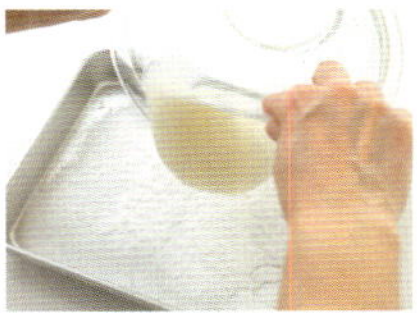

b 求肥が扱いやすいよう、片栗粉はバットにたっぷりとふるって広げておく。

d 冷めたら、使いやすいように小分けにして、クッキングシートとラップで包む。

◆ 作り方

1 耐熱ガラスのボウルに白玉粉を入れ、分量の水の半量を加えてダマができないようペースト状になるまで混ぜる。残りの水を加えて溶きのばし、上白糖も加えて混ぜ合わせる。電子レンジ（600W）で20秒加熱し、へらで混ぜながら上白糖を溶かす。
＊レンジ加熱の際にラップはかけません。

2 さらに1分、1分と加熱しては取り出し、へらでしっかりと混ぜる。全体につやと透明感が出て、コシのある状態になるまで加熱する（a）。
＊季節や作る日の気温などによって、加熱時間の調整が必要です。コシが足りないようなら追加で10秒ずつ加熱してようすを見るようにします。

3 水飴を加えて、しっかり混ぜ溶かす。
＊混ぜ始めはバラバラと分離したようになりますが、混ぜているうちに、もとのコシのある状態に戻ります。

4 片栗粉をふるったバットに求肥を取り出し（b）、上から片栗粉をふるい（c）、粗熱を取る。

5 少量ずつに切り分けて、クッキングシートで包み（d）、さらにラップで包んで冷凍保存する。

練りきりの基本 2

茶巾絞りのいろいろ

練りきりの生地を、絹布巾(14ページ参照)を使って絞り、和菓子の表情を出していきます。
ガーゼなどでも代用できますが、繊細なひねりやしわの表現は、絹布巾ならではのものです。

[茶巾]

茶巾絞りの基本の形。栗の形に似せた栗きんとんなどに。

◆絞り方

1

水で濡らして固く絞った絹布巾を手に広げ、丸めた練りきり生地をのせる。

2

ひっくり返して絹布巾を絞り、しわをつける。

3

絞り口を絹布巾の上から指3本でつまむように押さえ、くぼみを作る。

4

形を整え、静かに絹布巾を開いて取り出し、両手で形を整える。

[さくら]

さくらの花びらの形を、繊細なしわを生かして風情よく絞る。

◆絞り方

1

練りきり生地を楕円形に丸め、水で濡らして固く絞った絹布巾の上におい て包む。

2

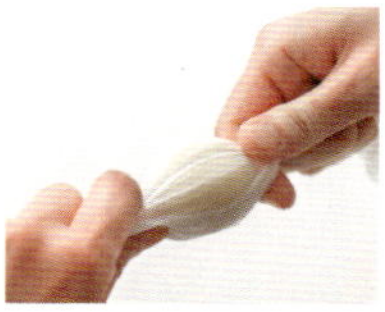

絹布巾の両端を持って、キャンディーのように強く絞る。

3

一方を固定し、もう一方の絞り口を指で押し、くぼみを作る。

4

静かに絹布巾を開き、取り出して両手で形を整える。

[波または風]

波の動きや、風の気配を、勢いのある絞りで表現。

◆絞り方

1

水で濡らして固く絞った絹布巾を手に広げ、丸めた練りきり生地をのせる。

2

ひっくり返して絹布巾を強く絞る。

3

絞り口の下に人差し指を横にして当て、反対の手で底を押し上げる。

4

静かに絹布巾を開き、取り出して両手で形を整える。

[椿]

中央のくぼみに花のしべを入れると、椿の花に。

◆絞り方

1

水で濡らして固く絞った絹布巾を手に広げ、丸めた練りきり生地をのせる。

2

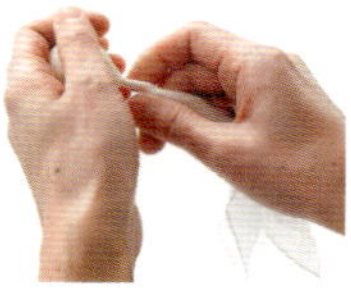

ひっくり返して絹布巾を強く絞る。

3

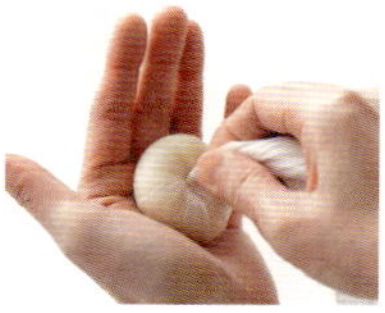

そのまま絞った布巾の中心を押してくぼませ、反対の手で底を押し上げる。

4

静かに絹布巾を開き、取り出して両手で形を整える。

そぼろのこし方

練りきり生地を裏ごししてそぼろ状にし、きんとん箸であん玉につけた菓子がきんとんです。
こし器によって、そぼろの太さや表情はいろいろですが、
お菓子の表現には色合いや配色とともに大切な要素のひとつです。
何度かに分けて、少量ずつこすと、仕上がりがきれいです。

ステンレス製 きんとんこし器（太）

◆こし方

1

練りきり生地をまとめ、厚みを均等にしてこし器にのせ、親指のつけ根で強く押しつける。

2

押した生地を、そのまま奥へ押し出すようにするのがコツ。

3

濡れ布巾を固く絞り、広げた上にそぼろをこし出す。

ステンレス製 きんとんこし器（細）

◆こし方

1

練りきり生地をまとめ、厚みを均等にしてこし器にのせ、親指のつけ根で強く押しつける。

2

押した生地を、そのまま奥へ押し出すようにするのがコツ。

3

濡れ布巾を固く絞り、広げた上にそぼろをこし出す。

竹製きんとんこし器

◆こし方

1

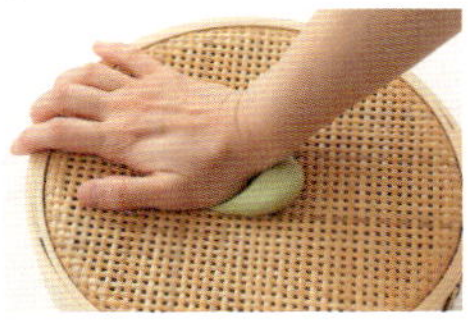

練りきり生地をまとめ、厚みを均等にしてこし器にのせ、親指のつけ根で上から強く押す。

2

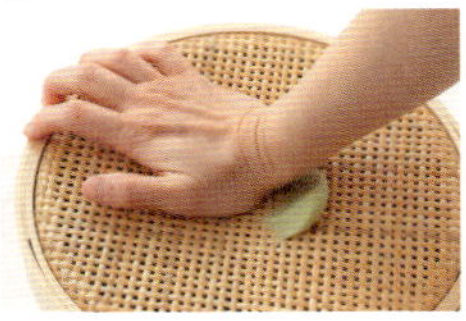

押した生地をそのまま奥へ押し出すようにしてこし出すのがコツ。

3

濡れ布巾を固く絞り、広げた上にそぼろをこし出す。

馬の毛製 きんとんこし器

◆こし方

1

練りきり生地をまとめ、こし器にのせ、木べらでこし出す。網目に対して対角線状にこすとよい。

2

濡れ布巾を絞って広げた上に、こし器の縁を静かに叩きながらそぼろを落とす。

3

細やかなそぼろができる。

春の練りきり ひとひら

◆ **材料（10個分）**

練りきり生地（110ページ参照）……250g
黄身あん（26ページ参照）……170g
色粉（紅色）……少量

◆ **準備すること**

・練りきり生地50gを取り分け、少量の水で溶いた色粉で紅色に色づけし、1個5gに分けて丸めておく。
・練りきり生地200gは着色せず、白のまま1個分20gで10個に分けて丸めておく。
・黄身あんは、1個17gに分けて丸めておく。

◆ **日もちの目安**——常温または冷蔵で1～2日

point

＊色づけは生地を少量取り分け、濃いめの色に染めてから白色の生地と合わせてなじませる。
＊分けた生地は乾きやすいので、ラップをかけ、その上に水で濡らして固く絞ったさらし布巾をかけておくとよい。
＊作業中は手や作業台をつねにきれいにしておく。

◆ **作り方**

1

白色の生地を丸くのばし、真ん中を指で押し、くぼませる。

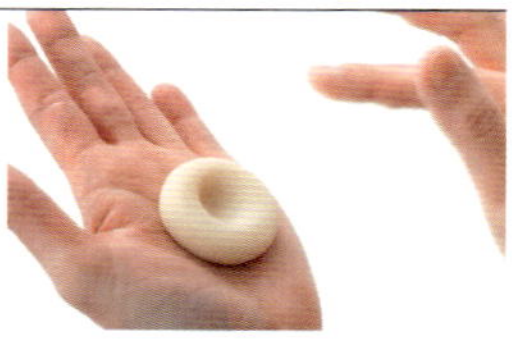

2

紅色の生地をくぼみにのせる。

3

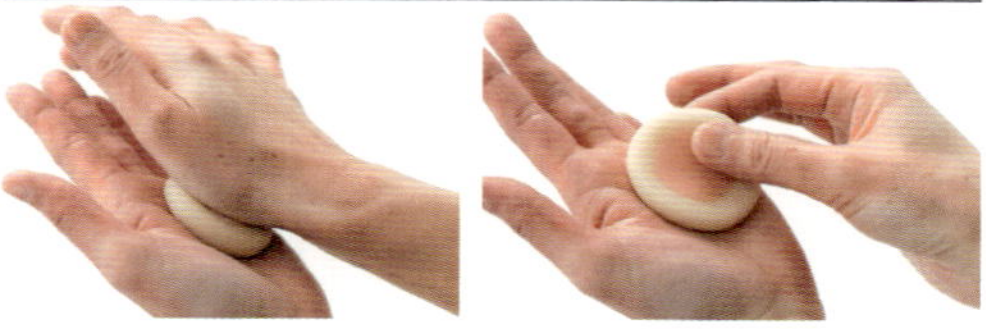

両手で押さえて生地をなじませる。

4

黄身あんをのせて包む。

5

生地を閉じて、形を整える。

6

5を右側に紅色部分がくるように、水で濡らして固く絞った絹布巾の真ん中におき、絹布巾の両端を強く絞る。

7

左側を固定し、右側を指でつまんでくぼませ、桜の花びらの形にする。
＊絞り方は112ページのさくらを参考にしてください。

8

静かに絹布巾をはずし、形を整える。

夏の練りきり 夏木立ち

◆ 材料(10個分)

練りきり生地(110ページ参照)……270g
小豆こしあん(22ページ参照)……150g
抹茶(ふるったもの)……小さじ1/2弱

◆ 準備すること

- 練りきり生地120gを取り分け、抹茶をへらで練り入れて抹茶色に色づけし、1個12gに分けて丸めておく。
- 練りきり生地150gは着色せず、白のまま1個15gに分けて丸めておく。
- 小豆こしあんは、1個15gに分けて丸めておく。

◆ 日もちの目安——常温または冷蔵で1～2日

point

＊分けた生地は乾きやすいので、ラップをかけ、その上に水で濡らして固く絞ったさらし布巾をかけておくとよい。
＊作業中は手や作業台をつねにきれいにしておく。

◆ 作り方

1

丸めた白色の生地と抹茶色の生地を重ねる。

2

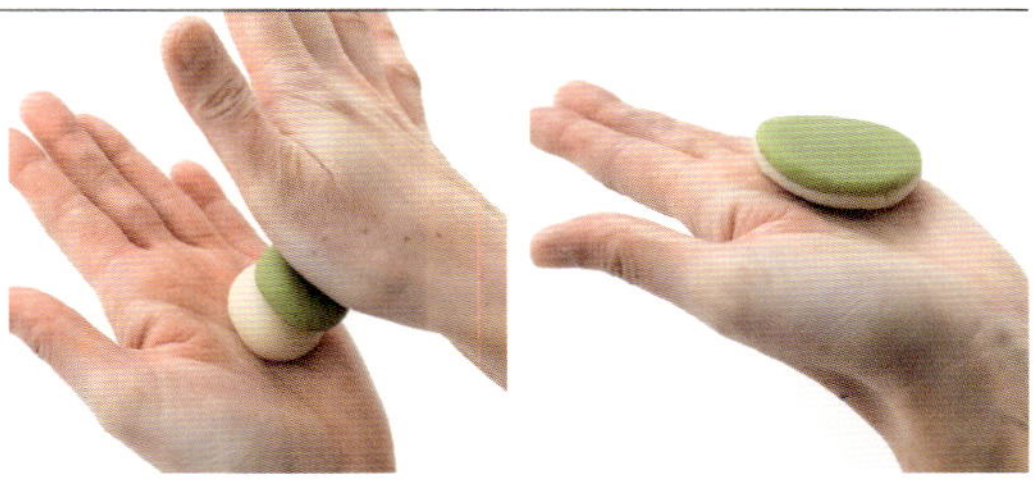

1を両手で押さえて平らにする。

3

水で濡らして固く絞ったさらし布巾の上に、きんとんこし器（太）をおき、生地をのせて手で押す。

4

手前から奥へ押し出すようにして、そぼろ状にこし出す。
＊3～4回に分けてこします。

5

あん玉を指の上にのせ、きんとん箸を使い、はじめはあん玉の底になる部分に、細かいくずのそぼろをつけて土台にする。

6

次に、底の周囲にきれいなそぼろをつけていく。

7

あん玉が見えなくなるまで、刺すようにしてそぼろを全体につけていく。
＊箸先を濡れ布巾で拭きながら作業します。
＊きんとんを移動させるときは、箸で底のほうを横から刺して動かしましょう。

秋の練りきり 稲穂の風

◆ **材料**(10個分)

練りきり生地(110ページ参照)……250g
炒り黒ごま……2g
小豆つぶあん(20ページ参照)……170g
色粉(玉子色)……少量

◆ **準備すること**

・練りきり生地200gを取り分け、少量の水で溶いた色粉で玉子色に色づけし、1個20gに分けておく。
・練りきり生地50gには、指先ですりつぶしたごまを加え、1個5gに分けて細長く丸めておく。
・小豆つぶあんは1個17gに分けて丸めておく。

◆ **日もちの目安**——常温または冷蔵で1～2日

point

＊生地は乾きやすいのでラップをかけ、その上に水で濡らして固く絞ったさらし布巾をかけておくとよい。
＊作業中は手や作業台をつねにきれいにしておく。

◆ **作り方**

1

玉子色の生地を丸め、平らにのばす。

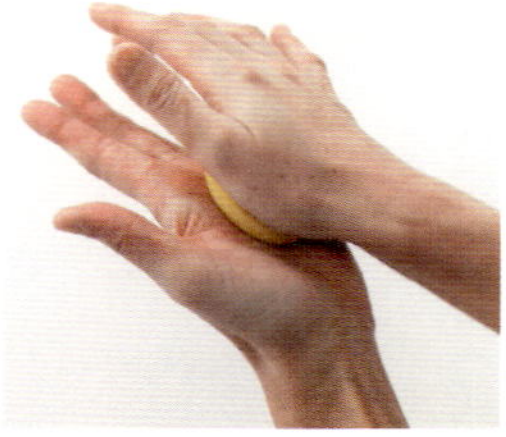

2

1にあん玉をのせて包み、形を整える。

3

ごまの生地を2にのせてなじませる。

4

手に水で濡らして固く絞った絹布巾を広げ、真ん中に3をおく。

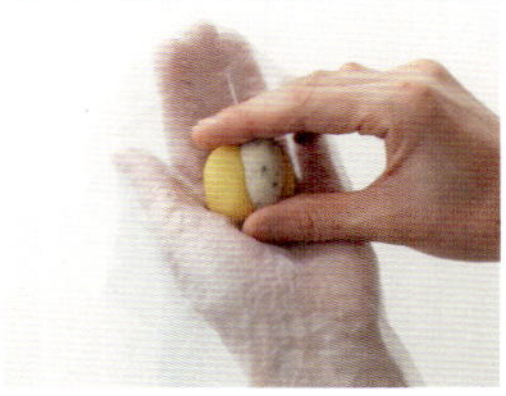

5

4をひっくり返して絹布巾を強く絞る。

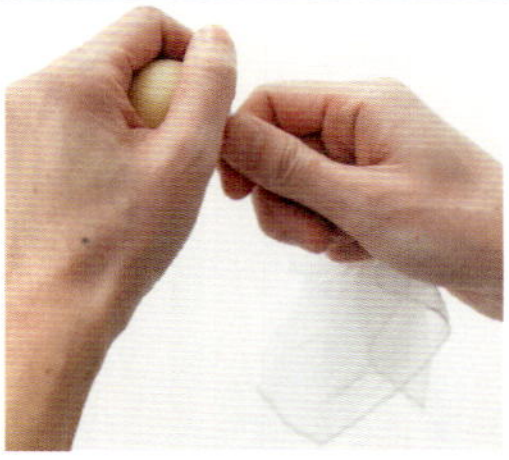

6

絞り口の下に、人差し指を横にして当て、反対の手で底を押し上げる。
＊絞り方は112ページの茶巾を参考にしてください。

7

静かに絹布巾を開き、取り出して形を整える。

冬の練りきり 初霜

◆ 材料（10個分）

練りきり生地（110ページ参照）……250g
小豆こしあん（22ページ参照）……150g
シナモンパウダー（ふるっておく）……小さじ1/4
大納言甘納豆……30粒
氷餅（11ページ参照）……少量

◆ 準備すること

・練りきり生地250gに、シナモンパウダーを加えてへらで練り、1個25gに分けておく。
・小豆こしあんは1個15gに分けて丸めておく。
・氷餅は指先で細かく砕いておく。

◆ 日もちの目安――常温または冷蔵で1〜2日

point

＊作業中は、手や作業台をつねにきれいにしておく。
＊生地は乾きやすいので、ラップをかけ、その上に水で濡らして固く絞ったさらし布巾をかけておくとよい。

◆ 作り方

1

シナモン生地を丸めて両手で押さえ、平らにする。

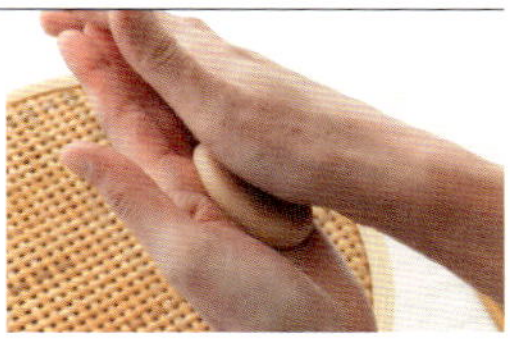

2

水で濡らして固く絞ったさらし布巾に竹製きんとんこし器をおき、1の生地をのせる。

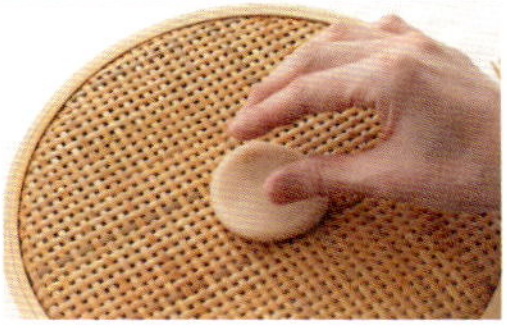

3

手で上から押さえ、手前から奥へ押し出すようにして、そぼろ状にこし出す。
＊3〜4回に分けてこします。

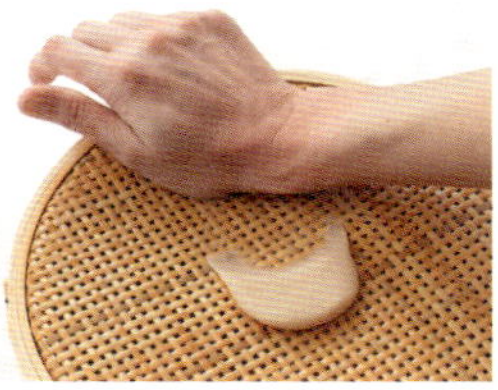

4

こし器の枠を叩いて、さらし布巾の上にそぼろを集める。

5

あん玉を指の上にのせ、きんとん箸を使い、はじめはあん玉の底になる部分に、細かいくずのそぼろをつけて土台にする。

6

次に、底の周囲にきれいなそぼろをつけていく。

7

あん玉が見えなくなるまで、刺すようにしてそぼろを全体につけていく。

＊箸先を濡れ布巾で拭きながら作業します。
＊きんとんを移動させるときは、箸で底のほうを横から刺して動かしましょう。

8

甘納豆を3粒ずつ飾る。

9

氷餅を少量散らす。

薯蕷饅頭 雪《ゆき》うさぎ

目が合うと、
思わず笑みがこぼれるような
雪うさぎの薯《じょう》蕷《よ》饅頭。
真っ白く、ふっくらと
蒸し上がった饅頭からは
山の芋がほのかに香ります。

薯蕷饅頭 雪うさぎ

◆ 材料（20個分）

大和芋（皮をむいた正味）……70g
上白糖……140g
上用粉……100g
小豆こしあん（22ページ参照）……500g
色粉（紅色）……少量

◆ 準備すること

・上白糖はふるっておく。
・上用粉は冷蔵庫で冷やしておく。
・小豆こしあんは1個25gに分けて丸めておき、生地で包む前に冷蔵庫から出し、常温におく。
・色粉は少量の水で溶いておく。
・2段の蒸し器の上段に、水で濡らして固く絞ったさらし布巾、5㎝四方に切ったわら半紙を敷いておき、下段には水を入れて火にかけ、タイミングよく蒸気が上がるようにしておく。
・霧吹きを用意し、酢（分量外）を少量加えた水を入れておく。

◆ 日もちの目安――常温で1～2日

point

＊おろし金・すり鉢・すりこぎ・ボウルに水気がないようにしておく。
＊あんを包み終わるまでは、生地が乾きやすいのでラップをかぶせておく。

◆ 作り方

1 芋種を作る

大和芋の皮をむき、目の細かいおろし金で円を描くようにボウルにすりおろす。

2

1をすりこぎで軽くすり混ぜてから、上白糖を4～5回に分けて入れ、そのつどよくすり混ぜる。

3

2を最低でも2～3時間、時間があれば一晩冷蔵庫で休ませる。休ませた芋種をすり鉢に入れ、もう一度すり混ぜる。

＊すり鉢ですることで生地がなめらかになります。

4 薯蕷生地を作る

大きめのボウルに冷やしておいた上用粉を入れ、粉の上に3の芋種を移す。

5

芋種の端を持って、外側から内側に折りたたみながら粉を混ぜ込んでいく。

6

生地にマシュマロのような弾力があり、ちぎるとスポッと音がするくらいになるまで粉を混ぜ込む。

＊状態が写真のようになったら、粉が残っていても、それ以上混ぜ込まないようにします。残った粉は打ち粉として使います。

7 成形する

残った粉ごとバットに移して生地を半分に分ける。

8

生地を傷めないようにしながら1個13gに計量し、20個に分ける。

＊何度もちぎると生地が傷むので、大きさの見当をつけて、手早く量りましょう。

9

分けた生地を左手にのせて丸く押し広げ、上面の粉をはけで払う。

10

あんをのせて指先であんを押さえる。生地を回しながら包んでいく。

11

あんが隠れるくらいまで包めたら、生地の口をすぼめるように包み、指先でつまんでしっかりと口を閉じる。

12

同様にすべて包んで、余分な粉を払う。

13

蒸し器の中のわら半紙に、霧吹きでたっぷりの霧を吹く。

14

卵形に整え、余計な粉を払った12を並べる。

15

全体に霧を吹き、ふたをして強火で10分蒸す。

＊蒸し器のふたは露取り布巾で包みます。

＊酢を少量加えた霧を吹くと饅頭が割れにくくなります。

16

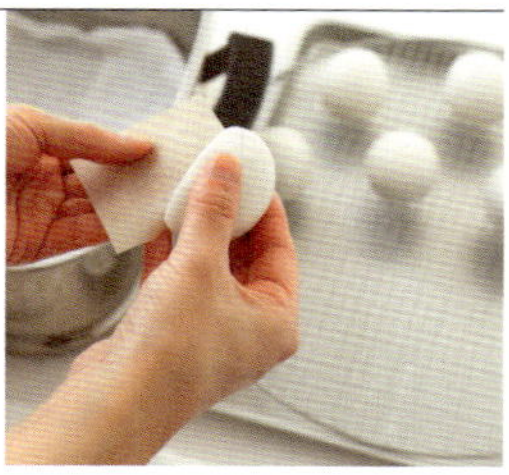

蒸し上がったら、ひと呼吸おいてから指先を水で軽く濡らし、饅頭をつぶさないように蒸し器から取り出す。1個ずつわら半紙をはがしてケーキクーラーなどに移して冷ます。

17

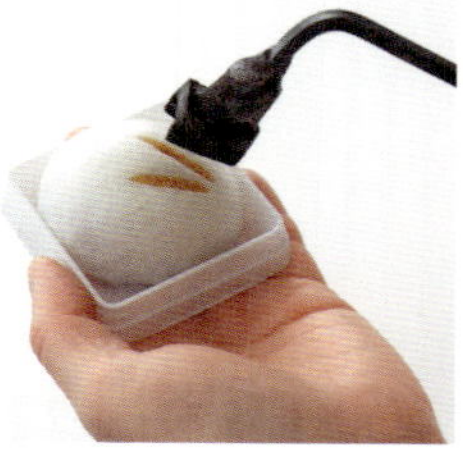

饅頭の粗熱が取れたら、焼き印で耳をつける。

＊薯蕷饅頭の皮は手につきやすいので焼き印を押すときは、和菓子用のケースに入れると扱いやすいでしょう。

18

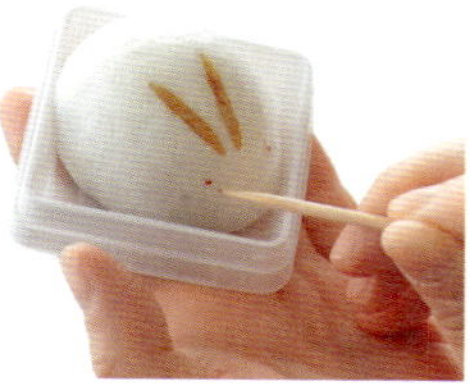

水で溶いた色粉を、竹串の細いほうに少量つけてうさぎの目を描く。

薯蕷饅頭

早蕨《さわらび》

薄緑の春の野辺に
少し顔を出した
わらびを写した
趣きのあるお饅頭。

作り方P122参照

薯蕷饅頭

笑顔《えがお》

おちょぼ口の女性の笑顔を
表現したといわれる
かわいらしいお饅頭。

作り方P122参照

薯蕷饅頭 早蕨

◆ 材料(20個分)

大和芋(皮をむいた正味)……70g
上白糖……140g
上用粉……100g
小豆こしあん(22ページ参照)……500g
色粉(挽き茶色・玉子色)……各少量

◆ 準備すること

・上白糖はふるっておく。
・上用粉は冷蔵庫で冷やしておく。
・小豆こしあんは1個25gに分けて丸めておき、生地で包む前に冷蔵庫から出し、常温におく。
・色粉はそれぞれ少量の水で溶いておく。
・2段の蒸し器の上段に、水で濡らして固く絞ったさらし布巾、5cm四方に切ったわら半紙を敷いておき、下段は水を入れて火にかけ、タイミングよく蒸気が上がるようにしておく。
・霧吹きを用意し、酢(分量外)少量を加えた水を入れておく。

◆ 日もちの目安——常温で1～2日

point

＊おろし金・すり鉢・すりこぎ・ボウルに水気がないようにしておく。
＊あんを包み終わるまでは、生地が乾きやすいのでラップをかぶせておく。

◆ 作り方

1 大和芋の皮をむき、目の細かいおろし金で円を描くようにボウルにすりおろす。
2 1をすりこぎで軽くすり混ぜてから、上白糖を4～5回に分けて入れ、そのつどよくすり混ぜる。これを2～3時間、できれば一晩冷蔵庫で休ませる。
3 2の休ませた芋種をすり鉢に入れ、もう一度すり混ぜる。
4 大きめのボウルに冷やしておいた上用粉を入れ、粉の上に3の芋種を移す。芋種の端を持って、外側から内側に折りたたみながら粉を混ぜ込んでいく。
5 残った粉ごとバットに移して、生地を傷めないように1個13gで20個に分ける。
6 小さめのボウルに残った5の粉を大さじ1取り分け、水を少しずつ加えて練り、はけで塗れる程度の固さに調節したら、水で溶いた挽き茶色・玉子色の色粉で若草色に着色する(a)。
7 5の生地を左手にのせて丸く押し広げ、上面の粉をはけで払い、あん玉をのせて指先であんを押さえて、生地を回しながら包む。あんが隠れるくらいまで包めたら、生地の口をすぼめるように包み、指先でつまんでしっかりと口を閉じる。同様にすべて包む。
8 蒸し器の中のわら半紙に霧吹きでたっぷり霧を吹いて、形を整え、余計な粉を払った7を並べる。全体に霧を吹き、筆で6の若草色に着色した粉生地を上面に塗る(b)。強火で10分蒸す(120ページ参照)。
9 蒸し上がったら、ひと呼吸おいてから指先を水で軽く濡らし、饅頭をつぶさないように蒸し器から取り出す。1個ずつわら半紙をはがしてケーキクーラーなどに移して冷ます。粗熱が取れたら、わらびの焼き印を押す(c)。

a 挽き茶色と玉子色の色粉を少しずつ加えて混ぜ、若草色に仕上げる。

c 和菓子ケースに入れ、ケースごと持って焼き印を押すと扱いやすい。

b 蒸し器の中に並べてから、色を塗っていく。

薯蕷饅頭 笑顔

丸く作った薯蕷饅頭の上部に、竹串で紅い点を色づけした笑顔饅頭。ひとつで紅白を表すので、祝いの席にも重宝します。

蒸し上がった饅頭を和菓子用のケースに入れ、竹串の太いほうで、水で溶いた紅色の色粉を中央につける。

column

美しく演出する道具

和菓子作りには特別な道具がいろいろあります。
なかでも目をひくのは、花鳥風月を表すための手助けをする型や焼き印。
ひとつひとつのかわいらしい造形に、ますます和菓子の世界にひき込まれます。

抜き型

半生の和菓子や羊羹などを、好みの型に抜くときに使います。真鍮やステンレス製のものが多く、寒天や野菜にも使えます。形は桜の花びらや紅葉、銀杏《いちょう》などの季節の植物や、松竹梅、扇面などのお目出たいものまで多種あり、大きさもさまざまです。精巧な形のものも多く、よいものはつなぎ目が目立ちません。

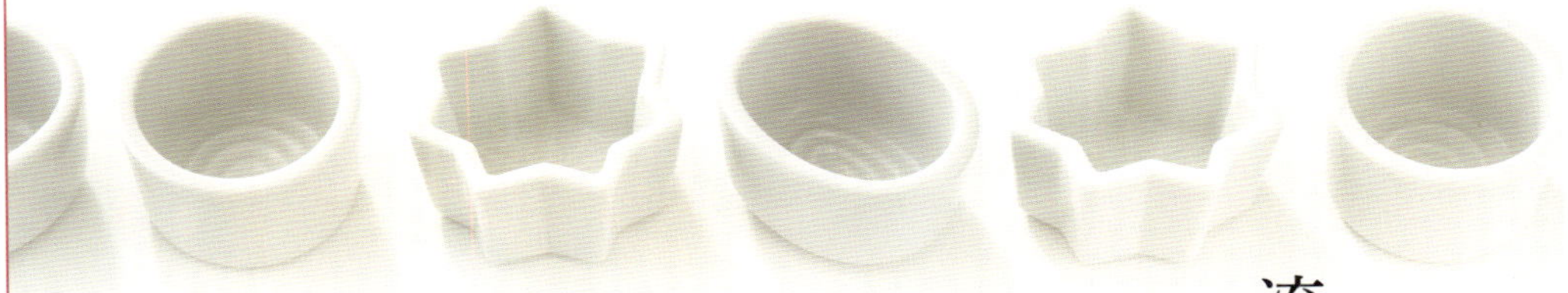

流し型

水羊羹や、寒天を使った和菓子などを1個ずつ固めるときに使います。昔ながらの陶製のほか、プラスチックやシリコン製も出回っています。錦玉など、夏向きの和菓子に出番が多いので、水紋や青楓、金魚など、涼やかさや夏の風物を表す形も多くあります。

焼き印

お饅頭やどら焼きなどに、焼き目文様をつけるための鉄製の道具。直火でしっかり焼いて、一度濡れ布巾に当ててから菓子に押し当てます。絵柄はさまざまで、季節の花や動物はもちろん、寿や祝など、気持ちを表す文字の焼き印もあります。自分好みの柄を、オリジナルとしてオーダーする楽しみもあります。

干菓子 うららか

包丁できっちりと切り分けるもよし、
気ままに手で割って
たまたまの風情を楽しむもよし。
ところどころの浅い緑が
うららかな春を思わせます。
夏の時季には深緑色にしても素敵です。

干菓子 うららか

◆ 材料(押し枠1台分)

上白糖……70g
和三盆糖……15g
寒梅粉……55g
しとり蜜(下記参照)……小さじ1〜2
色粉(挽き茶色・玉子色)……各少量

◆ 準備すること

- しとり蜜を作る。耐熱ガラスのボウルに水飴20gと水20mℓを入れ、電子レンジ(600 W)で20秒加熱して取り出し、水飴が溶けるまで混ぜ、冷ます。
- 上白糖と和三盆はふるっておく。
- 寒梅粉は50gと5gに分けておく。
- 色粉は少量のしとり蜜で溶いておく。
- 押し枠(15ページ参照)にクッキングシートを敷いておく(押すときにも使うのでクッキングシートは同じサイズを2枚、準備しておく)。

◆ 日もちの目安――常温で3〜4日

◆ 作り方

1

ボウルに上白糖を入れ、しとり蜜を小さじで少しずつ加え、手でよくすり混ぜる。手で握るとひとかたまりになるくらいまで蜜を加えすり混ぜていく。

2

全体に混ざったら、和三盆糖を加えて合わせる。

＊しとり蜜は作る日の気温・湿度により加える量を加減します。

3

2から10gを別のボウルに取り分ける。溶いた挽き茶色・玉子色の色粉を少しずつ加えて若草色に着色し、寒梅粉5gを加える。よく混ざるように手のひらで力強くすり混ぜて合わせておく。手に色がつくので手袋をしても。

4

残りの2に寒梅粉50gを加え、手のひらで力強くすり混ぜてよく合わせる。目の粗いざるで、手のひらですり込むようにしてバットにこし出す。3も同様に目の粗いざるでこし出す。

5

準備した押し枠に4の白い生地を半量入れて、へらで平らにならし、クッキングシートをのせ、ふたをかぶせて力を均一にかけて押す。ふたとクッキングシートをはずし、残りの白い生地も加え、へらで平らにする。

6

4の若草色の生地を散らすように少しずつのせていく。

7

再びクッキングシートをのせ、ふたをかぶせて力を均一にかけて平らになるように押す。

8

クッキングシートとふたをはずして10〜15分そのままおいておく。枠の隅の生地を軽く押さえてもくずれずにしっかりとしていたら、静かに枠をはずす。乾燥しないようにラップで包み、2〜3時間おく。指で真ん中を押してみて全体がしっかり固まっていたら、好みの大きさに割るか、切り分ける。

生地が余ったら、小さな型で抜いても楽しい。

干菓子

吹《ふ》き寄《よ》せ

春《はる》の干菓子《ひがし》・おこし・きな粉《こ》州浜《すはま》

三月三日はももの節句、雛祭り。
雛人形、はまぐり、早蕨《さわらび》など
季節の形の干菓子、
きな粉をまぶした州浜、
香ばしいおこしを
雛サイズに小さく作って箱に詰め、
金平糖を散らしました。
いろいろ取り合わせる趣向を
風に吹き寄せられた風情の意で
「吹き寄せ」といいます。
干菓子を紅葉や松葉、栗の形に
作ると「秋の吹き寄せ」に。

作り方P127～129参照

春の干菓子

◆ **材料**（約25個分）

上白糖……75g
寒梅粉……55g
和三盆糖……10g
色粉（紅色）……少量
しとり蜜（下記参照）……小さじ2～3

＊色粉は玉子色、挽き茶色など好みでいろいろ作ると華やかになります。

◆ **準備すること**

・上白糖、和三盆糖はふるう。
・しとり蜜を作る。耐熱ガラスの小さいボウルに水飴20g、水20mℓを入れて電子レンジ（600W）で20～30秒加熱して水飴を溶かし、そのまま冷ます。
・型を用意。雛祭りと春にちなんだ、雛人形、花、貝、早蕨など。

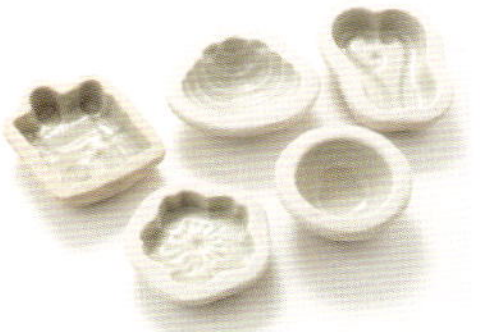

・バットにわら半紙を敷く。

◆ **日もちの目安**――常温で3～4日

◆ **作り方**

1

ボウルに上白糖を入れ、しとり蜜を少しずつ加えながら手のひらでボウルの底に押しつけるようにして力強くすり混ぜ、しっとりとしてまとまるくらいまですり混ぜる。

＊作る日の気温や湿度によって、しとり蜜の量は調整します。

2

色粉をしとり蜜少量で溶く。

3

1に2の色粉を加えて着色し、再びすり混ぜて、手で握るとしっとりとしてひとかたまりにまとまるまで、しっかりすり混ぜる。

4

寒梅粉を加えて全体がよく混ざるように手のひらを合わせてすり混ぜる。

5

和三盆糖を加え、両手で全体を手早くすり混ぜる。準備したバットに目の粗いざるでしっかりこす。

6

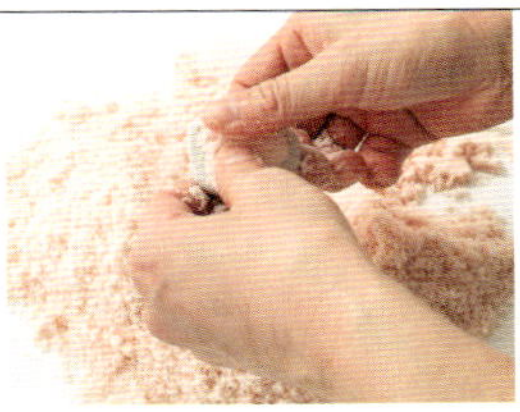

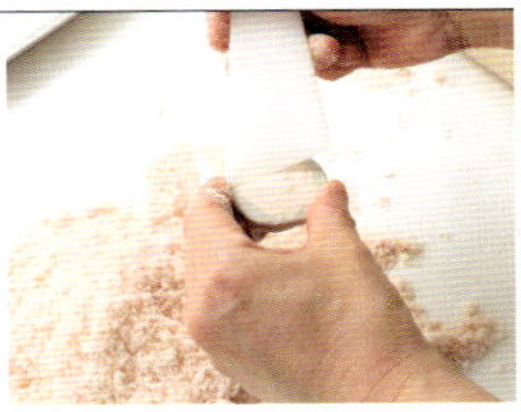

型に5の生地を隅々までしっかり詰め、さらに指で押しながら型いっぱいにしっかり詰めてへらで表面をならす。

7

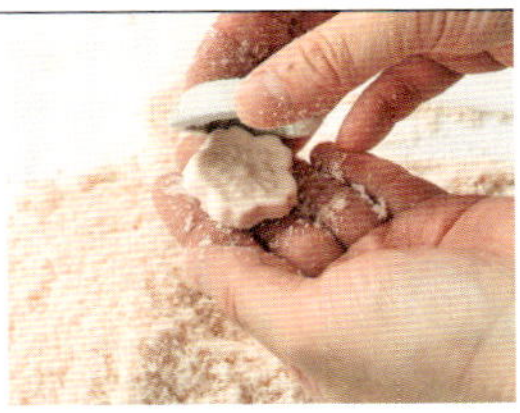

型の端をすりこぎなどで叩いて型から取り出す。30分ほどそのまま乾燥させて、密閉容器に入れて保存する。

＊型に詰める作業は、生地がしっとりしているうちに手早くします。乾燥してくると成形しにくくなるので注意しましょう。

＊出来たての干菓子は壊れやすいので、ていねいに扱いましょう。

おこし

◆ **材料(作りやすい分量)**

ライスパフ……40g
水飴……35g
三温糖……35g
白ごま……8g
落花生(粗く刻む)……28g
米油……少量

◆ **準備すること**

・米油をキッチンペーパーにつけ、クッキングシート2枚に薄く塗る。

◆ **日もちの目安**——常温で3〜4日

◆ **作り方**

1

鍋に白ごまを入れて軽く炒り、落花生を加えて温め、ボウルに移す。

2

鍋にライスパフを入れ軽く温めて、1とは別のボウルに移す。

＊1と2の具材を温める、このひと手間が大事。

3

鍋に水飴を入れて中弱火にかけて煮溶かし、三温糖を加えて泡がぐつぐつしてきたら焦げないように軽く揺すって煮つめる(混ぜすぎない)。

＊煮つめる目安は、水に落としても溶けて散らなくなるまで。

4

火を止めて1の白ごまと落花生を加えて混ぜ、2のライスパフも加えて全体をからめるようにしっかり混ぜ合わせる。

＊ここでそれぞれに飴がよくからまっていないと、後でくずれやすくなるので注意しましょう。

5

準備したクッキングシート1枚に4を取り出し、軽くまとめて約12×12cmの大きさに手で押しのばす。もう1枚のクッキングシートをかぶせてまな板など平らなもので押し、生地を裏返してもう一度押して厚さ1cmほどに整える。

＊冷めると成形しにくくなるので、熱いうちに手早く作業します。

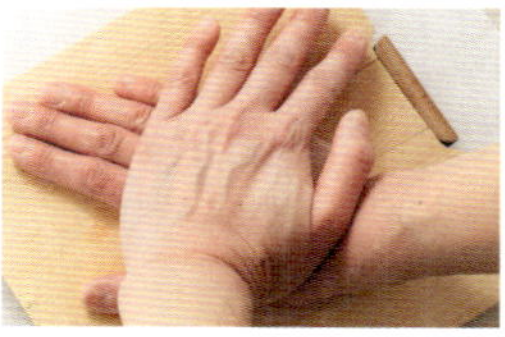

6

熱が抜ける前に(冷めて固くならないうちに)、1.5×1.5cmに切り分ける。

＊冷めたら密閉容器に入れ、乾燥剤も一緒に入れて、湿気ないように保存します。

＊波刃包丁が切りやすいです。

きな粉州浜

◆ 材料(約40個分)

うぐいすきな粉……50g
上白糖……45g
しとり蜜(下記参照)……50g
うぐいすきな粉(まぶし用)……適量

◆ 準備すること

・上白糖はふるう。
・しとり蜜を作る。耐熱ガラスの小さいボウルに水飴25g、水25mℓを入れて電子レンジ(600W)で20〜30秒加熱して水飴を溶かし、そのまま冷ます。

◆ 日もちの目安——常温で3〜4日

◆ 作り方

1

ボウルにうぐいすきな粉、上白糖を入れて混ぜ合わせる。

2

しとり蜜を2〜3回に分けて加え、そのつどこねる。

3

粉気がなくなってまとまるまで、力を入れてしっかりこねる。

4

3の生地をまとめて、3gずつに分ける。

5

仕上げ用のうぐいすきな粉をバットに広げて入れ、4を丸く成形して、まぶす。

＊食べる直前にまぶすほうが香りも味もよいです。時間をおくと色もあせてくるので、手土産にする場合は、きな粉を別に添えて「食べるときにまぶしてください」とカードを添えるのも一案です。

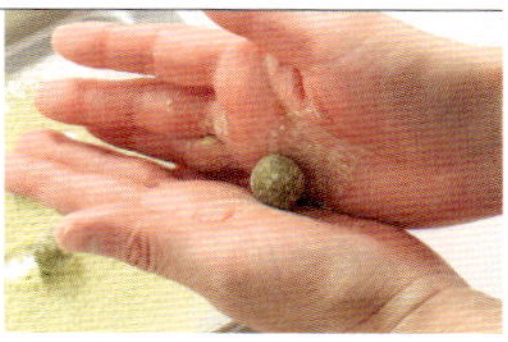

金平糖

◆ 市販品を用意する。

小さな箱にひとり分ずつ詰めて

手のひらにのる小箱にひとり分ずつ詰めました。小さいからこそ、中紙を敷き、吟味した紐をかけて美しい装いに。このままお雛さまに供えても映えます。

column

和菓子をおもてなし

手作りの和菓子でお客様をおもてなししたり、
手土産にして喜んでもらえたりしたら、和菓子作りの楽しさがいっそう広がります。

きれいに盛りつけて

和菓子はお菓子が映える器を選んで、盛りつけましょう。とくに練りきりなどの繊細なお菓子は、傷つけないようにていねいに扱います。おもてなしにはひとつひとつのお菓子の姿がわかるように、間隔に余裕をもって盛り込むとよいでしょう。乾燥しやすいので、お出しする直前に和菓子用のケースから出して盛りつけます。

箸先が細くなっている「きんとん箸」があると、菓子を傷つけずに盛りつけられる。

やわらかなきんとんは、底をすくうように持つか、底の目立たないところを横から刺して盛るとよい。

とくに正面のないものは、いちばん美しく見えるところを正面に盛る。取り箸を添えて。

楽しい演出で

季節感のあるものや、行事にまつわる和菓子は、楽しい演出とともにもてなせば、喜ばれるうえ、おしゃべりも弾みます。

桃山製のお多福は、豆まきの升を器にして盛り込めば、節分の時季に最適。

甘夏羹は、切り分ける前の丸ごとの姿も目にごちそう。手書きのタグなどをつけて楽しく。

手土産にするときは

和菓子をお土産にさしあげるときは、見た目も美しく、持ち運びやすく、保存にも便利なように心づかいをしましょう。和菓子専用のケースや紙箱は、製菓材料店で入手できます。

1個ずつケースに入れて箱詰めすれば、形がくずれず持ち運べるうえ、乾燥しにくくなる。

蕎麦ぼうろは小分けにして袋詰めにすると割れにくい。乾燥剤などを入れても親切。

保存に便利な和菓子専用ケースは、大きさも多種あり、製菓材料店で入手できる。

浮島や桃山などは、1個ずつポリシートに包んで保存すると乾燥しにくい。

第４章 手づくりで贈る和菓子

縁起ものの小豆がメインの和菓子は
お祝いごとの贈りものや、お配りものに最適。
季節を告げるお菓子から、定番のおはぎやお赤飯。
また目先を変えて和菓子と洋菓子の境を越えたボーダーレスな
デザートもご紹介しましょう。
日もちを考慮したしっとりした焼き菓子など
見た目の愛らしさにもこだわってみました。
贈るＴＰＯに合わせてお選びください。

三色《さんしょく》団子《だんご》

かわいい色合いの三色団子と香ばしいおしょうゆ団子。
三色団子の桜色は「春」、若緑色は新緑の「夏」、白は雪の「冬」。
「秋」がないのは食べ飽きない（秋ない）という意味があるとか……。
三色の団子で四季を感じられます。
みたらし風味のおしょうゆ団子は焼き目をつけて香ばしく。
なめらかでやわらかな外郎《ういろう》のお団子は上品な甘さで
ついつい、もうひとつと手が出てしまうおいしさです。

》作り方P134参照

おしょうゆ団子《だんご》

作り方P135参照

三色団子

◆ **材料**（10本分）

上白糖	120g
上用粉	90g
餅粉	30g
本葛粉	12g
水	160mℓ
色粉（紅色・挽き茶色）	各少量
蜜（下記参照）	適量
串	10本

◆ **準備すること**

- 上白糖はふるう。
- 蜜を作る。耐熱ガラスの小さいボウルに上白糖15gと水25mℓを入れて電子レンジ（600W）で20～30秒加熱し、取り出してよく混ぜて上白糖を溶かし、そのまま冷ます。
- 蒸し器の上段に15×15cmの角枠（ざるでもよい）をのせ、水で濡らして固く絞ったさらし布巾を敷く。
- 蒸し器の下段に水を入れて火にかけ、タイミングよく蒸気が上がるようにしておく。
- 串は水に浸す。

◆ **日もちの目安**――常温で1～2日

◆ **作り方**

1

ボウルに上白糖、上用粉、餅粉を入れ、泡立て器でよく混ぜ合わせる。

2

小さめのボウルに本葛粉を入れ、分量の水の2/3量を加えてダマができないように溶かし、さらに残りの水の半量ほどを加えて溶きのばす。

3

1に2を少しずつ加えてざっと混ぜ、2のボウルに残りの水を入れて本葛粉を洗うようにしてから1に加え、全体をしっかりと混ぜ合わせる。

4

蒸気の上がった蒸し器に上段をのせ、3を準備した枠の中へ流し入れる。露取り用の布巾で包んだふたをかぶせ、強火で20～25分蒸す。

5

蒸し上がったら水で濡らして固く絞ったさらし布巾に取り出し、布巾に包んだままなめらかになるまでもむ。

＊生地は、もんでは布巾を開いて包み直し、熱いうちにもみます。

6

色粉は少量の蜜で溶く。5を3等分する。白い生地は蜜を塗ったバットにおいて手蜜をつけながら、すぐにちぎれず、なめらかにのびるくらいになるまで蜜を吸わせながらもんで、固さを調整する。

7

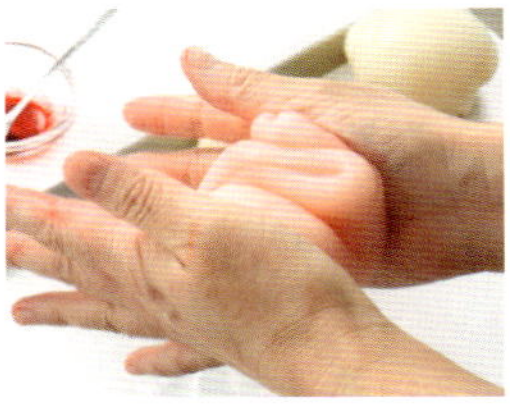

残りの２つはそれぞれ６の色粉（紅色・挽き茶色）を少量バットにおき、生地に色を入れて均一に着色しながらもみ混ぜ、６と同様に固さを調整する。

8

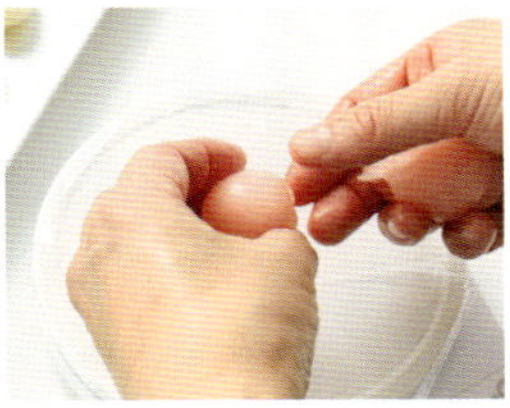

各色の生地を計量し、手に蜜をつけながら、それぞれ10等分にちぎり分ける。

＊生地を分割する際、生地を傷めないように扱い、丸くつるっと整えます。
＊冷めてくると生地は扱いにくくなるので、温かいうちに作業します。

9

手に蜜をつけ、団子を丸く整えて串に各色を１個ずつ刺す。

おしょうゆ団子

◆ **材料（12本分）**

上白糖	120g
上用粉	90g
餅粉	30g
本葛粉	12g
しょうゆ	20g
水	140mℓ
白ごま	3g
蜜（134ページ参照）	適量
片栗粉	適量
串	12本

◆ **準備すること**

・三色団子（134ページ）と同様。

◆ **日もちの目安**――常温で１～２日

◆ **作り方**

1 ボウルに上白糖、上用粉、餅粉を入れ、泡立て器でよく混ぜ合わせる。

2 小さめのボウルに本葛粉を入れ、分量の水の2/3量を加えてダマができないように溶かし、さらに残りの水の半量ほどを加えて溶きのばす。

3 1に2を少しずつ加えてざっと混ぜ、2のボウルに残りの水を入れて本葛粉を洗うようにして1に加える。全体をしっかりと混ぜ、しょうゆを加えてさらに混ぜ合わせる。

4 蒸気の上がった蒸し器に上段をのせ、3を準備した枠の中へ流し入れる。露取り用の布巾で包んだふたをかぶせ、強火で20～25分蒸す。水で濡らして固く絞ったさらし布巾に取り出し、布巾の中でなめらかになるまでもむ。

5 蜜を塗ったバットにあけて、手に蜜をつけながらたたんでもみ、白ごまを２回くらいに分けて加えてもむ。なめらかにのびるくらいになるまでもみ、固さを調整する。

6 生地を計量し、24等分にちぎり分ける。団子を丸く整えて串に２個ずつ刺す。少し休ませて冷めたらはけで全体に片栗粉をまぶす。フライパンを温めて、クッキングシートを敷き、団子の両面に焼き色をつける。

よもぎ餅《もち》

小桜餅《こざくらもち》

小さく作ったかわいい小桜餅は
道明寺粉を桜色に染めて、
桜の葉の塩漬けを刻んで加えました。
口にほのかに広がる桜の香りが絶品です。
桜の葉で包むほかに
「花冷え」や「雨上がりの桜」のイメージで
氷餅をまぶしても見栄えがします。
春の野の香り、よもぎを練り込んだよもぎ餅は
焼き目をつけて香ばしく。
小桜餅はこしあん、よもぎ餅はつぶあんです。

≫作り方P137～138参照

小桜餅

◆ **材料**（10個分／桜の葉仕上げ・氷餅仕上げ各５個）

道明寺粉（五ツ割り）	100g
上白糖	20g
塩	少量
色粉（紅色）	少量
ぬるま湯（約50℃）	165mℓ
桜の葉の塩漬け	2g
小豆こしあん（固め・22ページ参照）	150g
蜜（下記参照）	適量
桜の葉の塩漬け（仕上げ用）	5枚
氷餅（仕上げ用）	適量

◆ **準備すること**

・上白糖はふるう。
・小豆こしあんは固めに仕上げ、1個15gに分けて丸める。
・桜の葉の塩漬けは、さっと水洗いして余分な塩気を抜き、縦に2等分して軸を取り除く。生地に混ぜる分（2g）は細かく刻む。
・蜜を作る。耐熱ガラスの小さいボウルに上白糖10gと水20mℓを入れて電子レンジ（600W）で20〜30秒加熱し、取り出してよく混ぜて上白糖を溶かし、そのまま冷ます。

◆ **日もちの目安**——常温で当日中

◆ **作り方**

1

色粉は少量の水で溶き、分量のぬるま湯に少量加えて薄紅色に染める。

2

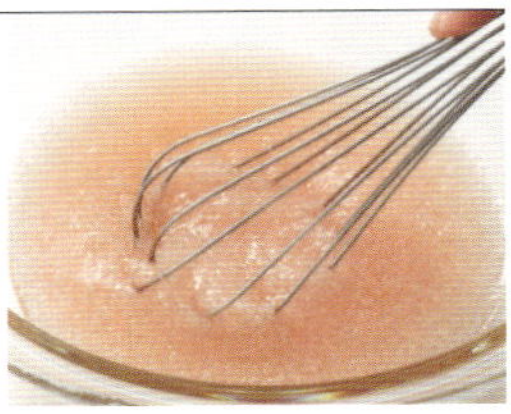

耐熱ガラスのボウルに道明寺粉を入れて1を加え、ダマができないようによく混ぜながら水分を吸収させ、ラップをかけてそのまま10分ほどおいて十分に水分を含ませる。

＊指でつぶしてみてガリッとした芯が残っていたら、ぬるま湯を少量足して吸収させます。

3

全体を混ぜ合わせ、ラップをかけて電子レンジ（600W）で3分加熱する。一度取り出し全体を混ぜ再びラップをかけて2分加熱する。

4

上白糖、塩、刻んだ桜の葉の塩漬けを加えてしっかり混ぜ、乾いたさらし布巾をかけて5分ほど蒸らす。

5

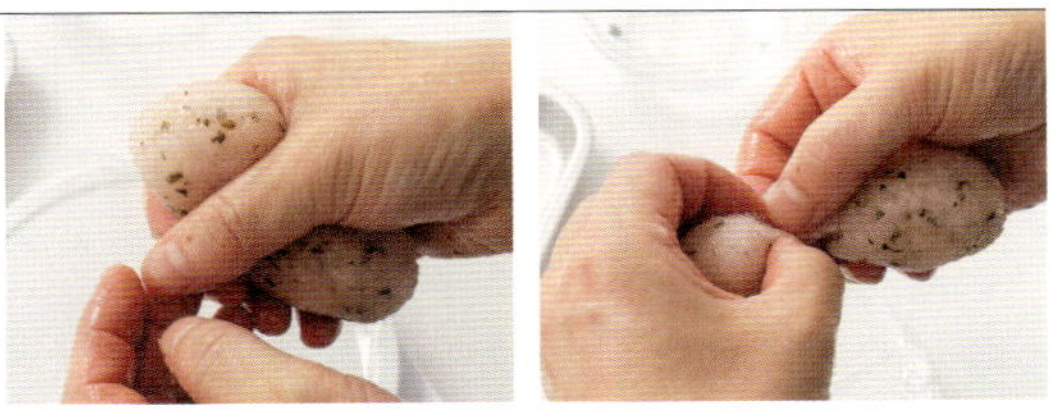

全体を計量して10等分する。生地が冷めないうちに、指の間から1個分を丸く押し出してちぎり分け、ラップを敷いたバットに並べる。

＊ここからの作業は手に蜜をつけながら行います。生地が冷めると固くなり、表面がきれいに仕上がりにくくなるので手際よく。

6

あんを包む。手のひらに生地をのせ、押さえて平らにして中央に準備したあん玉をのせる。

7

生地をのせていた左手を返して右手であんをつまむように持つ。左手の親指と人差し指で輪を作り、生地をあんにそわせるように下にのばしていく。

8

裏返して閉じ口を上にし、指であんを軽く押さえ、あんを覆うように生地を集める。

9

中央でしっかり閉じる。

10

全部包んだら一度手をきれいに洗ってから、丸く形を整える。

11

〈桜の葉で包んで仕上げる〉 水洗いして軸を取り除いた葉は、キッチンペーパーで水気を拭き取り、葉の裏が表になるように10を包む。

12

〈氷餅をまぶして仕上げる〉 ほぐしてざるなどでこした氷餅を10の表面全体にたっぷりまぶして、ころころと形を整えながら余分を落とす。

よもぎ餅

◆ 材料（8個分）

餅粉	35g
白玉粉	35g
上白糖	18g
水	100mℓ
冷凍よもぎ	12g
小豆つぶあん（20ページ参照）	224g
片栗粉（手粉用）	適量

◆ 準備すること

・上白糖はふるう。
・冷凍よもぎは、自然解凍し、指先で軽く絞り、細かくほぐしたものを計量する。
・小豆つぶあんは、1個28gに分けて丸める。
・バットにたっぷりの片栗粉を茶こしでふるう。

◆ 日もちの目安——常温で1～2日

◆ 作り方

1

ボウルに白玉粉を入れ、分量の水の半量を加えて、ダマができないようによく混ぜてペースト状にする。残りの水を加えて溶きのばす。

2

耐熱ガラスのボウルに餅粉と上白糖を入れて泡立て器で混ぜ、1を少しずつ加えてよく混ぜ合わせる。

3

よもぎを加えて全体によく混ぜ合わせる。

4

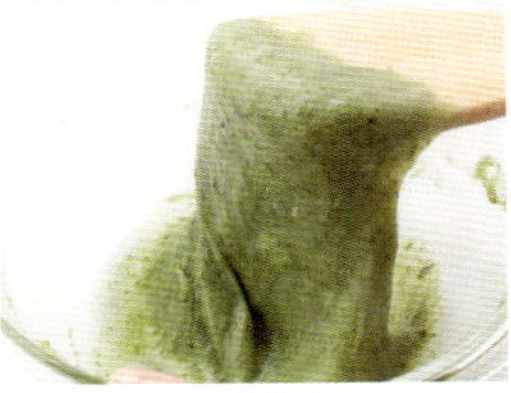

ラップをして電子レンジ(600W)で1分加熱し、取り出してへらで上下を返す程度に混ぜる。再びラップをして1分加熱して取り出して練り混ぜ、さらに1分、1分と加熱しては餅状に練り混ぜる。

＊粘りが出てきたら、水で濡らした木べらに替えてしっかり練り混ぜましょう。

＊季節や作る日の気温などによって加熱時間は調整を。コシが足りないようなら、追加で30秒ずつ加熱してようすを見ながら練ります。

5

準備したバットに餅を取り出し、内側に片栗粉が入らないように注意して二つ折りにする。

＊奥から手前に折ると作業しやすいです。

6

8等分にちぎり分ける。バットの上で2等分にちぎり分け、さらに2等分、また2等分すると均等に8等分になる。

7

分割した餅は切り口を上にして並べ、茶こしで片栗粉をたっぷりふりかける。

＊片栗粉は保湿のためなので、餅はつねに粉の中におきます。

8

あんを包む。生地を左手にのせて、はけで内側の粉を払い、あん玉をのせる。(あんの包み方は137～138ページ・小桜餅の項を参照)。中央でしっかり閉じ、片栗粉をまぶしながら形を整え、1時間ほどおいて落ちつかせる。

＊口を閉じるときは、閉じ口の生地を上に引っぱり、下部は下に引くような気持ちで整えましょう。

9

焼き目をつける。フライパンを温めてからクッキングシートを敷き、菓子の上部の片栗粉をはけで払い、上部を下にして並べて中火で焼き色をつける。

＊餅が完全に冷めてから焼きます。

お赤飯《せきはん》

お祝いごとや喜びの集いに欠かせないお赤飯。
古来、赤い色は邪気を払い厄災を避けるとされ
赤い豆で米を染めた「赤飯」も縁起もの。
本来は〝ささげ〟で作りますが、
和菓子になじみのある〝小豆〟を用いました。
贈るときは、災難を転じるといわれる
南天《なんてん》（＝難転《なんてん》）の葉を添えるとよいでしょう。

お赤飯

◆ **材料(作りやすい分量)**

もち米――3合(米用カップ3杯)
小豆――60g
塩――小さじ2/3

◆ **準備すること**

・もち米は水で洗い、たっぷりの水に3～4時間浸しておく。
・蒸し器の上段には蒸し布巾を敷き、下段には水を入れ、火にかけてタイミングよく蒸気が上がるようにしておく。

◆ **日もちの目安**――常温で当日中1～2日

◆ **作り方**

1

小豆は水洗いして鍋に入れ、水2カップ(分量外)を加えてひと煮立ちさせ、中強火で2～3分そのまま煮立て、ざるに移して水で洗う。

＊小豆を下ゆでする、このひと手間がおいしさの差になります。

2

小豆を鍋に戻し、水5カップ(分量外)を入れて火にかけ、ひと煮立ちしたら中弱火にして約20分(やっと食べられるくらいの固さになるまで)ゆでる。ざるに移し、小豆と煮汁に分ける。

＊途中、あくが出たら取り除きます。

3

小豆は乾かないようにラップをかけておく。煮汁は1カップを取り分け、塩を加えて溶かす。残りの煮汁はそのまま冷ます。

4

水に浸しておいたもち米を洗い、水気をしっかりきる。冷ましておいた3の煮汁(塩を入れていないもの)を加え、3～4時間浸しておく。

5

準備した蒸し器の蒸し布巾の上に4のもち米を水気をきって入れ、ドーナツ状にして蒸し布巾をかぶせる。ふたをして強火で30分蒸す。

6

5のもち米を蒸し布巾ごと持ち上げてボウルに取り出す。

7

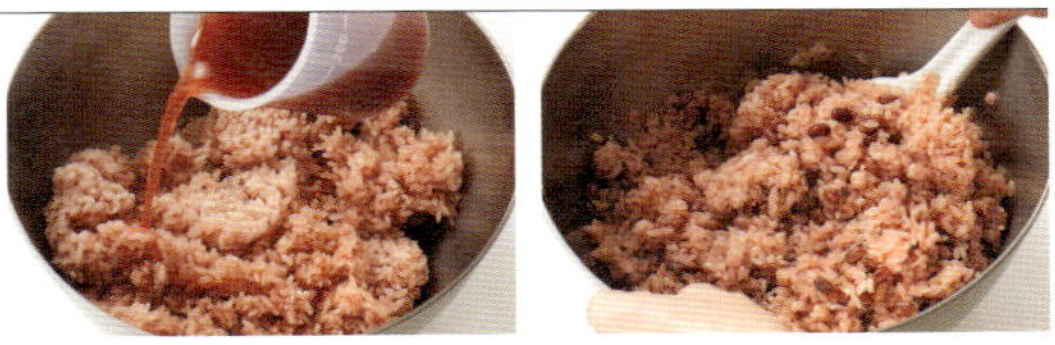

取り分けておいた塩の入った煮汁1カップと小豆を加え、全体によく混ぜる。

8

再び蒸し器に蒸し布巾を広げ、7を入れてドーナツ状にして布巾をかぶせる。ふたをして強火で20分蒸す。

9

蒸し上がったら蒸し器の上段を火から下ろし、そのまま10分蒸らす。

＊蒸しが足りない場合は水(分量外)を打って、上下をざっくり返すように混ぜ、再度蒸します。

粟《あわ》おはぎ

もち米に少量の粟を混ぜた
滋味豊かな粟餅を
つぶあん、こしあんで包みます。きな粉で
仕上げたおはぎはお饅頭のように中にあんを
包み込んで、ひと手間かけたもの。
つぶあんとこしあんの食べ比べもいいですが
こんな三色もおつなもの。
もちろん、一色だけでも粟餅の味わいで
勝負できる格別のおはぎです。

栗おはぎ

◆ **材料（あんのおはぎ13個分、またはきな粉のおはぎ9個分）**

もち米……135g
もち粟……15g
熱湯……50mℓ
塩……ふたつまみ

〈あんのおはぎ13個分〉
小豆つぶあん（または小豆こしあん）……390g（1個30g×13）
〈きな粉のおはぎ9個分〉
小豆こしあん……135g（1個15g×9）
きな粉……適量
（あんの作り方は20・22ページ参照）

◆ **準備すること**

・もち米ともち粟は合わせて洗い、たっぷりの水に一晩浸しておく。
・あんのおはぎのあんは、1個30gに分けて丸める。
・きな粉のおはぎのあんは、1個15gに分けて丸める。
・蒸し器の上段には蒸し布巾を敷き、下段には水を入れ、火にかけてタイミングよく蒸気が上がるようにしておく。

◆ **日もちの目安**——常温で当日中

◆ **作り方**

1 餅種を作る

水に浸しておいたもち米ともち粟を洗って水気をしっかりきる。準備した蒸し器の蒸し布巾の上にドーナツ状に入れ、蒸し布巾をかぶせる。ふたをして強火で30分蒸す。

2

蒸し布巾ごと持ち上げてボウルに取り出し、分量の熱湯に塩を加えて均一にかけ、全体によく混ぜ合わせる。

3

再び蒸し器に蒸し布巾を広げ、2を入れてドーナツ状にして蒸し布巾をかぶせる。ふたをして強火で10分蒸す。蒸し器の上段を火から下ろし、そのまま10分蒸らす。

4

3をボウルに移し、すりこぎなどで、粒が少し残っていて、粘りが出るくらいになるまでつぶす。

5 仕上げ

〈あんのおはぎの場合〉
4の餅種を計量し、手水をつけながら13等分にして丸める。手のひらにあん玉をのせて押さえて平らにし、餅をのせてあんで包む。すべて包み終わったら一度手をきれいに洗い、それぞれ丸形に整える。

6 仕上げ

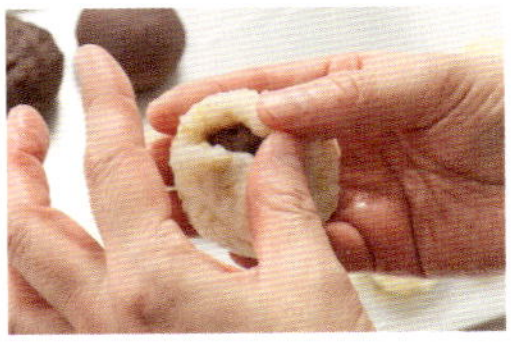

〈きなこのおはぎの場合〉
4の餅種を計量し、手水をつけながら9等分にして丸める。手のひらにのせて押さえて平らにし、あん玉をのせて包む。きな粉をまぶし、丸形に整える。きな粉を茶こしでバットにふるい、さらにおはぎにまぶす。

竹筒《たけづつ》 水羊羹《みずようかん》

青竹の筒に水羊羹を流し、
しっとり濡れた涼味満点の笹の葉で包んで、
七夕祭り、花火見物、暑気払いの集まりに。

竹筒 水羊羹

◆ 材料（竹筒10本分）

角寒天	3g
水	280mℓ
グラニュー糖	80g
小豆こしあん（22ページ参照）	300g
本葛粉	4g
水	30mℓ
塩	少量
竹筒	10本
笹の葉（軸付き）	10枚

◆ 準備すること

・角寒天は約8時間以上、乳白色になるまで水に浸して戻す。
・竹筒は表面と内側（薄皮がある）を水でよく洗う。
・笹の葉は使う前に洗って、水に浸しておく。

◆ 日もちの目安

——冷蔵で1〜2日

◆ 作り方

1

戻した角寒天を絞って水気をきり、鍋にちぎり入れ、分量の水を加えて中火にかける。煮立ってきたら火を弱め、4〜5分、途中何度かへらで混ぜて寒天を溶かす。

＊へらで混ぜすぎると、寒天が溶けにくくなるので注意しましょう。

2

グラニュー糖を加えてひと煮立ちさせて煮溶かし、途中あくが出たら取り除く。こし器にさらし布巾をかぶせてボウルにこし入れる。

3

鍋に戻して中強火にかけ、小豆こしあんを加え、混ぜて溶かす。

4

本葛粉を水30mℓで溶き、3を1/2カップほど加えて混ぜ合わせ、鍋に戻す。

5

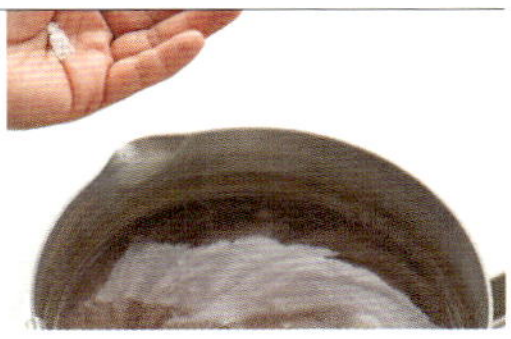

鍋底から静かに混ぜ合わせ、煮立ったら塩を加えて火を止める。

＊市販のあんは、すでに塩が入っているので入れなくてよいです。

6

目の細かいこし器でボウルにこし、水を張った別のボウルに底を当ててへらでゆっくりかき混ぜて、少しとろみが出てへらの感触が重くなるまで冷ます。

＊熱いまま竹筒に入れると水分が分離して二層になってしまうので注意しましょう。

7

手付きの容器に6を移し、竹筒に注ぎ入れ、そのまま常温で冷まして固める（竹筒が倒れないように計量カップやボウルの中に立てておくとよい）。固まったら笹の葉で口を覆って冷蔵庫でよく冷やす。

＊冷蔵庫に入れておくと笹の葉が乾燥してしまうので、ラップをかけておきます。
＊笹の葉がなければ、口をシートなどで覆ってタッセルでとめます。

笹の葉の巻き方

笹の葉の葉先から約4分の1のところを竹筒の口に当て、葉の幅を半分に折り竹筒に巻きつける。葉軸も巻きつけて葉の内側に入れ込み、ゆるまないようにとめ、余分を切る。

食べる際には

竹筒の底に画びょうなどで穴を開けるとスルッと出る。

葡萄《ぶどう》の雫《しずく》
林檎《りんご》の雫《しずく》

丸ごとのぶどうを
つるんとした寒天で包んで茶巾絞りに。
したたる雫を思わせる
涼味満点の夏のお菓子です。
味替わりとして、
エキゾチックな風味の
りんごの紅茶煮で作る
「林檎の雫」もおすすめです。

葡萄の雫

◆ 材料（10個分）

角寒天	3g
グラニュー糖	90g
はちみつ	15g
水	230mℓ
ぶどう（種なし巨峰など）	10個
レモンの皮のせん切り	適量

●準備すること

- 角寒天は約8時間以上、乳白色になるまで水に浸して戻す。
- 水饅頭の型やぐいのみなど、適当な大きさの容器に18cm四方のポリシートかラップを敷き込む。口を絞るワイヤータイを10本用意する。
- 寒天液（錦玉）は常温で固まるので、スムーズに作業できるように準備すること。

◆ 日もちの目安――冷蔵で2～3日

バリエーション

りんごの紅茶煮を包んだ
林檎の雫

◆「りんごの紅茶煮」の材料と作り方（100g・1個10g）

1 りんごは（皮をむいて芯を取り除いて200gを用意）、12等分に切ってさらに厚さ5mmのくし形に切る。

2 ボウルに湯250mℓと紅茶葉（アッサム）4gを入れてラップをして2分蒸らす。茶こしを通して鍋に移し、グラニュー糖80gを加えて火にかけて溶かす。

3 りんごを入れてクッキングシートの紙ぶたをして10～15分、りんごが半透明になるまで煮て火を止め、冷ます。
＊使う前に、ざるに移して煮汁をきります。

◆ 作り方

1 ぶどうは皮を湯むきする。鍋に水（分量外）を沸騰させ、ぶどうを入れて再び煮立ったら手早く湯からあげて氷水に取り、皮をむく。

2 戻した角寒天は絞って水気をきり、鍋にちぎり入れ、分量の水を加えて中火にかける。煮立ってきたら火を弱め、2～3分、途中何度かへらで混ぜて寒天を溶かす。
＊へらで混ぜすぎると寒天が溶けにくくなるので注意します。

3 グラニュー糖を加えてひと煮立ちさせて煮溶かし、途中あくが出たら取り除く。火を止め、はちみつを加えて溶かす。

4 こし器にさらし布巾をかぶせて3をボウルにこし入れ、レモンの皮を加えて混ぜる。水を入れた別のボウルに底を当てながら、軽く粗熱を取る。

5 手付きの容器に移して準備した型に30gずつ注ぎ、ひと呼吸おいて1のぶどうを静かに入れる。

6 寒天液が固まらないうちに茶巾絞りにしてワイヤータイで口を結び、きれいに丸く仕上がるように固まるまでハンガーなどに吊るしておく。

柚子香《ゆずか》

柚子の皮を器にした眼福口福な贈りもの。
柚子の滋味豊かな風味と
中に詰めたつぶつぶした道明寺羹の
出会いは口にやさしく
散らした甘納豆がアクセントになります。

柚子香

◆ **材料（4個分）**

柚子……………………4個
角寒天…………………4g
グラニュー糖…………150g
水飴……………………20g
道明寺粉（五ツ割り）
　　……………………20g
大納言甘納豆…………32粒
水………………………220mℓ

◆ **準備すること**

・角寒天はたっぷりの水に約8時間浸して、乳白色になるまで戻す。

＊寒天液（錦玉）は常温で固まるので、あわてずに作業できるように材料・道具の準備をしておきます。

◆ **日もちの目安**

——冷蔵で1〜2日

◆ **作り方**

1

柚子は洗って、ふたにする上面を切り落とす。切り口や皮を傷つけないように中身を取り出し、ざるでこして果汁を搾り、60mℓを取り分ける。中身を取り出した皮は水に浸してあくを抜く。

＊果汁を搾る前に手を洗って清潔にしましょう。

2

鍋に道明寺粉とたっぷりの水を入れ、煮立ってから約5分、芯がなくなるまでゆでる。茶こしに移して湯をきる。

3

準備した角寒天の水気をきって鍋にちぎり入れ、分量の水を加えて中火にかける。煮立ってきたら火を弱め、途中へらで混ぜながら寒天を煮溶かす（4分くらい）。

＊へらで混ぜすぎると寒天が溶けにくくなるので注意しましょう。

4

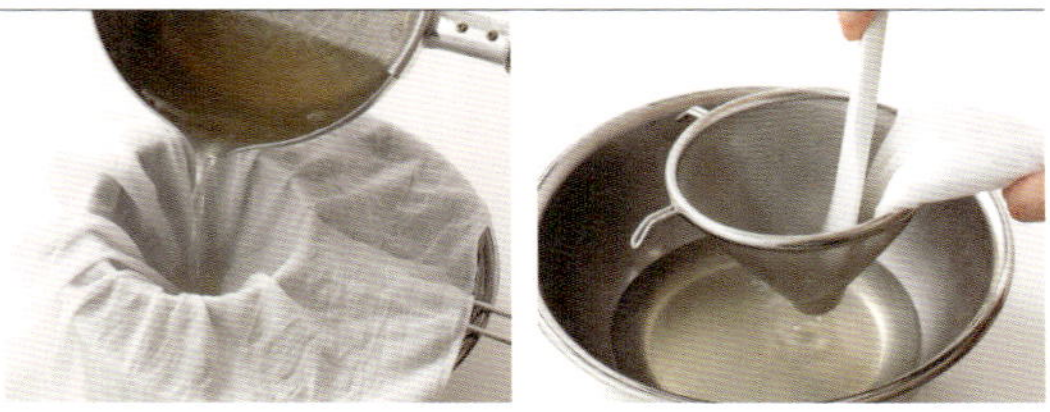

さらし布巾をかぶせたこし器に3を通してボウルにこし入れる。

5

4の寒天液を鍋に戻し、グラニュー糖を加えて溶かし、ひと煮立ちさせて、あくを取り除く。

6

2の道明寺粉を加え、泡立て器で全体に散らばるように混ぜ、火を止めて水飴を加えて溶かし、ボウルに移す。

＊グラニュー糖だけでは離水しやすいので保湿力のある水飴を加えます。

7

別のボウルに水を張り、6のボウルの底を当てながら粗熱を取る。熱が抜けたら1の果汁を加えて混ぜ合わせる。

＊粗熱が取れていないと道明寺粉が沈むので注意しましょう。

8

柚子の皮は水から出してふせて水気をきる。7を計量カップで手早く柚子の皮に注ぎ、固まらないうちに甘納豆を8粒ずつ入れる。常温でそのまま冷ましてから、冷蔵庫で2〜3時間冷やす。

ヴェリーヌ
小豆《あずき》と桜《さくら》
抹茶《まっちゃ》とほうじ茶《ちゃ》

小さな器に生地を重ねて美しい層で魅せるヴェリーヌ。
ここでは、口溶けなめらかな
アガーのジュレを二層に重ねました。
間に散らした甘納豆は
目に涼やかで、食べると心地よい食感のアクセントに。
小豆と桜の魅力は、透ける桜のはなびら。
抹茶とほうじ茶には、
軽やかな和三盆糖のシロップを添えます。

》作り方P151～152参照

抹茶とほうじ茶のヴェリーヌ

◆ **材料(容量110mℓの透明の器6個分)**

〈抹茶羹〉

A	アガー	5g
	グラニュー糖	65g
	抹茶(ふるう)	3g
白こしあん(24ページ参照)		130g
水		250mℓ

〈ほうじ茶のジュレ〉

B	アガー	4g
	グラニュー糖	40g
ほうじ茶(下記参照)		250mℓ
大納言甘納豆		42粒

〈和三盆糖のシロップ〉

和三盆糖(ふるう)	50g
グラニュー糖	10g
水	40mℓ

◆ **準備すること**

・A、Bはそれぞれボウルに入れて泡立て器で混ぜ合わせる。アガーは砂糖と混ぜて使うとダマになりにくい。

・ボウルにほうじ茶の茶葉5gを入れ、熱湯300mℓを注ぎ、ラップでふたをして10分蒸らし、キッチンペーパーをのせたこし器でこして、250mℓのほうじ茶を用意。

◆ **日もちの目安**——冷蔵で1～2日

◆ **作り方**

1 抹茶羹を作る

鍋に分量の水を入れ、Aを泡立て器で混ぜながらダマにならないように加える。

2

弱火にかけ、グラニュー糖が溶けるまで混ぜ合わせる。白こしあんを加えて混ぜ溶かし、強火にしてひと煮立ちさせてあくを取り除き、ボウルに移す。

3

別の大きめのボウルに水を張り、2のボウルの底を水に当てて混ぜながら粗熱を取る。

＊比較的高い温度で固まり始めるので熱を取りすぎないよう注意します。

4

器に均等(1個に約65g)に流し入れ、冷水を張ったバットに並べて冷やし固める。

5 ほうじ茶のジュレを作る

鍋にほうじ茶を入れ、Bを泡立て器で混ぜながらダマにならないように加える。火をつけてグラニュー糖が溶けるまで混ぜ合わせる。強火にして静かに混ぜながらひと煮立ちさせてあくを取り除き、ボウルに移す。

6

別の大きめのボウルに水を張り、5のボウルの底を水に当てて混ぜながら粗熱を取る。

＊比較的高い温度で固まり始めるので熱を取りすぎないよう注意します。

7

4の表面が固まったら、甘納豆を7粒のせ、6のほうじ茶のジュレを均等(約40g)に静かに注ぎ入れる。冷めたらラップをして冷蔵庫で冷やし固める。

8 和三盆糖のシロップを作る

30ページを参照して和三盆糖のシロップを用意する。食べるときに、抹茶とほうじ茶のヴェリーヌにかける。

＊持参する場合は、和三盆糖のシロップは別容器で添えます。

小豆と桜のヴェリーヌ

◆ **材料**（容量110mℓの透明の器６個分）

〈小豆羹〉

A ┌ アガー……5g
　└ グラニュー糖……65g

小豆こしあん（22ページ参照）……150g

水……250mℓ

〈桜のジュレ〉

B ┌ アガー……4g
　└ グラニュー糖……45g

桜の花の塩漬け（刻んだもの）……5g

水……250mℓ

大納言甘納豆……30粒

◆ **準備すること**

・A、Bはそれぞれボウルに入れて泡立て器で混ぜ合わせる。アガーは砂糖と混ぜて使うとダマになりにくい。

・桜の花の塩漬けは、水でさっと洗って絞り、軸は取り除いて刻む。

◆ **日もちの目安**——冷蔵で１～２日

◆ **作り方**

1

小豆羹を作る

鍋に分量の水を入れ、Aを泡立て器で混ぜながらダマにならないように加える。弱火にかけ、グラニュー糖が溶けるまで混ぜ合わせる。

2

小豆こしあんを加えて混ぜて溶かし、強火にしてひと煮立ちさせてあくを取り除き、ボウルに移す。

3

別の大きめのボウルに水を張り、3のボウルの底を水に当てて混ぜながら粗熱を取る。

＊比較的高い温度で固まり始めるので熱を取りすぎないよう注意します。

4

器に均等（１個に約65g）に流し入れ、冷水を張ったバットに並べて冷やし固める。

5

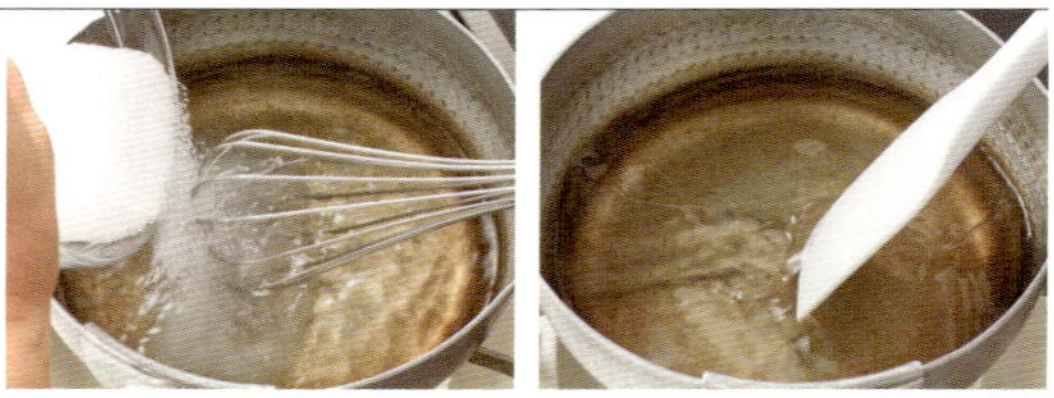

桜のジュレを作る

鍋に分量の水を入れ、Bを泡立て器で混ぜながらダマにならないように加える。弱火にかけ、グラニュー糖が溶けるまで混ぜ合わせる。強火にして静かに混ぜながらひと煮立ちさせてあくを取り除き、ボウルに移す。

6

5のボウルに桜の花を加え、別の大きめのボウルに水を張り、ボウルの底を水に当てて混ぜながら粗熱を取る。

＊比較的高い温度で固まり始めるので熱を取りすぎないよう注意します。

7

4の表面が固まったら、甘納豆を５粒のせ、6の桜のジュレを均等（約40g）に静かに注ぎ入れる。冷めたらラップをして冷蔵庫で冷やし固める。

葛《くず》プリン
生姜《しょうが》ミルク
きな粉《こ》ミルク

ひんやり、ぷるんの葛の食感がうれしい
本葛粉を用いたミルクプリンです。
どなたの口にも合うシンプルなおいしさも魅力。
持ち寄りの集まりなら
シロップやフルーツなどを別に添えて
それぞれお好みでトッピングするスタイルも
盛り上がります。

作り方P154～155参照

生姜ミルクの葛プリン

◆ **材料（容量115mℓの容器8個分）**

牛乳	550mℓ
粉寒天	1g
本葛粉	20g
上白糖	50g
はちみつ	20g
しょうが（薄切り）	2～3枚
水	50mℓ

◆ **日もちの目安**——冷蔵で1～2日

◆ **作り方**

1

小さめのボウルに本葛粉を入れ、分量の水を2回に分けて加えて溶きのばす。

2

鍋に牛乳を入れ、粉寒天、しょうがを加えて火にかけ、へらで静かに混ぜながら温め、上白糖とはちみつを加えて溶かす。

3

1のボウルに2を50mℓほど加えてよく混ぜ合わせて、鍋に戻し、へらで静かに混ぜ続けてひと煮立ちさせて火を止める。

＊本葛粉は鍋肌からしっかり混ぜて煮ます。

4

目の細かいこし器でボウルにこし（しょうがも取り除く）、水を張った別のボウルに底を当てて、へらでゆっくりかき混ぜながら粗熱を取る。

5

器に均等に（1個に約75g）流し入れ、冷めたらラップをして冷蔵庫で冷やす。

葛プリン＋トッピングで味わいいろいろに

きび糖シロップ、フルーツ、ゆで小豆などをトッピングすると、見栄えもよく味わいも豊かになります。フルーツは、缶詰とフレッシュを組み合わせると甘みとさわやかさのバランスがよくおすすめです。

◆ **きび糖シロップの材料と作り方**

耐熱ガラスのボウルにきび糖60g、水40mℓ、水飴5gを入れ、電子レンジ（600W）で30秒加熱して取り出して混ぜ、再び煮立つまで30～40秒加熱し、取り出してよく混ぜ合わせ、冷ます。

＋きび糖シロップ　＋フルーツ　＋ゆで小豆

きな粉ミルクの葛プリン

◆ 材料（容量115mℓの容器8個分）

牛乳	550mℓ
粉寒天	1g
本葛粉	16g
三温糖	55g
きな粉（深煎りタイプ）	20g
水	50mℓ

◆ 日もちの目安――冷蔵で1～2日

◆ 作り方

1 小さめのボウルに本葛粉を入れ、分量の水を2回に分けて加えて溶きのばす。

2 鍋に牛乳を入れ、粉寒天を加えて火にかけ、へらで静かに混ぜながら温め、三温糖ときな粉を加えて溶かす。

3 1のボウルに2を50mℓほど加えてよく混ぜ合わせて、鍋に戻し、へらで静かに混ぜ続けてひと煮立ちさせて火を止める。

＊本葛粉は鍋肌からしっかり混ぜて煮ます。

4 目の細かいこし器でボウルにこし、水を張った別のボウルに底を当てて、へらでゆっくりかき混ぜながら粗熱を取る。

5 器に均等に（1個に約75g）流し入れ、冷めたらラップをして冷蔵庫で冷やす。

column

おいしい食感の素材を使い分ける

アガー

透明度が高くぷるっとした寒天とゼラチンの中間のような食感が特徴です。無味無臭で素材の風味を邪魔しないので、香りや風味を大切にしたいお菓子に適しています。本書では「抹茶とほうじ茶のヴェリーヌ」、「小豆と桜のヴェリーヌ」に用いています。

抹茶とほうじ茶の
ヴェリーヌ

角寒天

アガーやゼラチンと比べ、凝固力が強いのが寒天です。粘りとなめらかな食感が特徴で、夏の菓子には欠かせない材料です。本書では「杏茶巾」、「水羊羹」、「甘夏羹」、「竹筒水羊羹」、「柚子香」などに用いています。

竹筒水羊羹

粉寒天

角寒天に比べて手軽に使用できるので、少量のお菓子作りに向いています。本書では「葛プリン」に用いています。

葛プリン

本葛粉

やさしくなめらかな口当たりが特徴です。和菓子作りには欠かせない材料のひとつ。葛の風味に差があるので、和菓子作りには是非上質な本葛粉を使いたいものです。本書では「葛餅」、「葛桜」、「水無月」、「葛プリン」などに用いています。

水無月

蕎麦《そば》のブッセ

ブッセは「ふわっさくっ」の食感が身上の
ひと口サイズの丸い焼き菓子のこと。
トップに蕎麦茶を散らして香ばしく焼き、
あんとバターをはさんだら
懐かしい味わいのブッセに。

蕎麦のブッセ

◆ **材料（8個分）**

卵……1個
きび糖……25g
A ┌蕎麦粉……15g
　 │薄力粉……10g
　 └コーンスターチ……5g
粉砂糖……適量
蕎麦茶……適量
小豆つぶあん（20ページ参照）……80g
バター（加塩）……適量

◆ **準備すること**

・きび糖はふるう。
・卵は、卵白と卵黄に分けてボウルに入れ、卵白は冷蔵庫で冷やしておく。
・Aの粉類は合わせてふるう。
・絞り出し袋に口径1.2cmの丸口金をセットする。
・天板にクッキングシートを敷く。
・オーブンを180℃に温めておく。

◆ **日もちの目安**——常温で2〜3日

◆ **作り方**

1

卵白は大きめのボウルに入れて泡立て器で軽くほぐしてからハンドミキサーで攪拌し、きび糖を3回に分けて加えながらハンドミキサーでしっかり泡立てて固いメレンゲを作る。

2

卵黄はほぐし、1に加えて混ぜ合わせる。

3

ゴムべらに替え、Aの粉類を加え、泡を消さないようにさっくりと混ぜ合わせる。

4

絞り出し袋に3を入れ、準備した天板に直径4cmほどの円形に16個分を絞り出す。

5

4の表面に粉砂糖を茶こしで3回に分けてふりかける。その上に蕎麦茶を散らす。

＊粉砂糖は1回ふりかけたらひと呼吸おいてふりかけ、またひと呼吸おいてふりかけるようにします。

6

180℃に温めたオーブンで約12分焼き、取り出してケーキクーラーなどに並べて冷ます。裏面にバターを薄く塗り、小豆つぶあんを10gのせ、もう一枚ではさんで仕上げる。

檸檬《レモン》ケーキ

レトロなお菓子として人気ですが
本書では、白あんと米粉を加えた生地を
アイシングとピスタチオで仕上げて、
和菓子と洋菓子のいいとこ取りをしました。
煎茶、コーヒー、中国茶のどれとも相性よしです。

檸檬ケーキ

◆ **材料（レモン型6個分）**

卵	1個
上白糖	35g
A 薄力粉	20g
A 米粉	20g
A ベーキングパウダー	1.3g
牛乳	20g
バター（食塩不使用）	10g
白こしあん（24ページ参照）	30g
レモンの皮	1/2個分
バター（食塩不使用・型用）	適量
ピスタチオ（飾り用）	適量
アイシング	粉砂糖30g+レモン汁小さじ1

●**準備すること**

- 上白糖はふるう。
- 粉類Aは合わせてふるう。
- ピスタチオは160℃に熱したオーブンで香りが立つまでローストし、細かく刻む。
- レモンケーキ型に、やわらかくしたバターを薄く塗る。
- オーブンを180℃に温めておく。

◆ **日もちの目安**——常温で2～3日

◆ **作り方**

1

耐熱ガラスのボウルに牛乳とバターを入れ、電子レンジ(600W)で30秒加熱して、バターを溶かす。白こしあんを加えて混ぜ合わせる。

2

別の大きめのボウルに卵を割り入れ、泡立て器でよくほぐし、上白糖を加えて混ぜ合わせ、湯せんにかけて上白糖が溶けるまで混ぜる。

3

湯せんからはずし、ハンドミキサーに替えて白くもったりするようになるまで泡立てる。

4

粉類Aを2～3回に分けて加え、ゴムべらで泡を消さないように混ぜ合わせる。

5

1を2～3回に分けて加えて混ぜ合わせる。最後にレモンの皮をすりおろして加え、全体に混ぜ合わせる。

6

型に30gずつ入れ、180℃に温めておいたオーブンで20分焼く。

7

焼き上がったら、粗熱を取ってから型から取り出し、ケーキクーラーなどに並べて冷ます。

8

アイシング用の粉砂糖を小さめのボウルに入れ、レモン汁を加えて混ぜ合わせ、7の上面に塗り、ピスタチオを散らす。

チョコレートの焼《や》き饅頭《まんじゅう》

チョコレート風味の生地とナッツの
相性抜群コンビで、
オレンジピールやラムレーズン入りのあんを包んだ
おいしさ三重奏の焼き菓子です。
まぁるいボール状にキュートに仕上げましょう。

≫作り方P162参照

栗《くり》ひろい

かわいい栗の形の菓子は
小豆あんで作る「桃山」。
栗の形に成形するのはひと手間ですが、
「かわいい！」の
声があがること請け合いです。
栗の葉などを添えてもいいでしょう。

≫作り方P163参照

チョコレートの焼き饅頭

◆ **材料(17個分)**

薄力粉……80g
ココアパウダー……20g
上白糖……55g
卵……40g
バター(食塩不使用)……25g
重曹……1g
水……2.5mℓ(小さじ1/2)
オレンジピールあん、またはラムレーズンあん
(163ページ参照)……408g
ココナッツロング、またはスライスアーモンド
……適量
薄力粉(手粉用)……適量

◆ **準備すること**

・上白糖はふるう。
・あんは、1個24gに分けて丸める。
・天板にクッキングシートを敷く。
・オーブンを180℃に温めておく。
・卵とバターは冷蔵庫から出し常温にしておく。
・ココナッツロングは、つけにくい場合は刻んでおく。
・霧吹きに水を入れておく。

◆ **日もちの目安**——常温で2～3日

◆ **作り方**

1

割りほぐした卵に上白糖を加えてよく混ぜ合わせ、バターを加えて上白糖とバターが溶けるまで湯せんにかけながら混ぜ合わせる。

2

1を冷まして、分量の水で溶いた重曹を加えて混ぜ合わせる。

3

2に薄力粉とココアパウダーをふるいながら加え、さっくりと混ぜ合わせる。ひとまとめにしてラップで包み、冷蔵庫で30分ほど休ませる。

4

薄力粉(手粉用)をふるったバットに生地を取り出し、手でたたむようにして固さを調整しながら生地をもみ、まとめる。

5

全体を計量して17個に分ける。

6

あんを包む。手粉を手につけて生地1個を左手にのせ、丸く押し広げ、はけで内側の余分な粉を払う。あん玉をのせ、生地を指で下から持ち上げるようにして包む。

7

表面の余分な粉を払い、全体に霧を吹き、ココナッツロング(またはスライスアーモンド)を表面につける。

8

準備した天板に間隔をあけて並べ、180℃のオーブンに入れて15～18分焼く。焼き上がったら、ケーキクーラーなどに並べて冷ます。

＊オーブンによって火のまわりが異なるので、途中で天板の向きや菓子の位置を変える、焼き色がついたものから取り出すなど加減します。

栗ひろい

◆ **材料（16個分）**

小豆こしあん（22ページ参照）	360g ～
ゆで卵の黄身（固ゆで）	1個分
寒梅粉	5g
卵黄（生）	10g（使う直前に茶こしでこす）
みりん	約小さじ1
みりん（仕上げ用）	適量
けしの実	適量
栗あん（右記）	288g

◆ **準備すること**

・栗あんは、1個18gに分けて丸める。
・底が焦げやすいので天板にアルミホイルとクッキングシートを重ねて敷く。
・オーブンを220℃に温めておく。

◆ **日もちの目安**——常温で2～3日

◆ **作り方**

1 小豆こしあんを火取る。耐熱ガラスのボウルに小豆こしあんを入れ、キッチンペーパーでふたをして電子レンジ（600W）で加熱し、手につかない固めのあんになるまで水分を飛ばす。計量して330gを別のボウルに取り分け、水で濡らして固く絞ったさらし布巾をかぶせて冷ます。
＊一気に加熱せずに1分ごとにようすを見ながら加熱を繰り返します。加熱時間はあんに含まれる水分量や季節によって異なります。
＊あんの熱が完全に取れないと次の工程に移れないため、あんを火取るのは作り始める1時間前には完了しておきましょう。

2 ゆで卵の黄身はほの温かいうちに裏ごしする。続いて 1 のあんの1/3量を裏ごしして裏ごし器の網目に詰まった黄身と一緒にこし出す。こした黄身とあんを手でよく混ぜもう一度裏ごしし、あんのボウルに戻してよくもみ混ぜる。

3 寒梅粉を加え、粉が見えなくなるまでもみ混ぜる。ラップで包み冷蔵庫で2時間～一晩休ませる。

4 休ませた 3 に卵黄を加えてよくもみ混ぜ、みりんを少しずつ固さを調整しながら加えてもみ混ぜ、粘りのあるなめらかな生地にする。

5 4 の生地を16等分にして、準備した栗あんを包む。丸く形を整えたら先をとがらせて、栗の形に成形する。

6 はけに水（または卵白・分量外）をつけて、底の部分を濡らして少し湿らせ、けしの実をつける。

7 220℃のオーブンの下段で約10分焼き、裏を見て焼き色がついて丸く割れ目が入っていれば180℃に下げて上段に移して約8分、焼き色がつくまで焼く。
＊オーブンによって火のまわりが異なるので、途中で天板の向きや菓子の位置を変える、焼き色がついたものから取り出すなど加減しましょう。

8 取り出し、熱いうちに全体にみりんを塗って仕上げる。
＊焼いた当日の桃山は少しパサついていますが、1日おくとしっとりやわらかくなり、この状態を「焼き戻り」といいます。焼き戻る2日目からおいしく食べられます。

〈応用〉

5 で栗形にせずに丸く成形して、あれば型押しで模様をつけて焼く。
＊この生地は焼いてもくずれることはありません。

オレンジピールあん
ラムレーズンあん

◆ **材料（出来上がり約440g）**

白こしあん（24ページ参照）	400g
オレンジピール（またはラムレーズン）	40g

◆ **作り方**

1 オレンジピール（またはラムレーズン）は細かく刻む。

2 白こしあんに 1 を加えて混ぜ合わせる。

栗あん

◆ **材料（出来上がり300g）**

白こしあん（24ページ参照）	400g
栗の甘露煮	50g

◆ **作り方**

1 栗の甘露煮は蜜ごと鍋に入れ一度煮立たせ、ざるに移して蜜をきって冷まし、細かく刻む。

2 白こしあんに 1 を加えて混ぜ合わせる。

＊共通ポイント
白こしあんの水分が多い場合は、耐熱ガラスのボウルに入れてキッチンペーパーでふたをし、電子レンジで加熱して水分を飛ばしてから使います。

焼《や》き芋《いも》

お芋！　とみんなの笑顔がこぼれる焼き菓子。
シナモンとバターを加えた
風味豊かで懐かしい味わいの生地に
ねっとりおいしい、濃厚さつま芋あんを包んで成形。
仕上げの黒ごまが決め手です。

焼き芋

◆ **材料（20個分）**

卵（常温）……全卵30g
＋卵黄7g（約1/2個分）
上白糖……55g
バター（食塩不使用）……8g
重曹……1g
水……2.5mℓ（小さじ1/2）
薄力粉……70g
強力粉……40g
シナモンパウダー……1.3g（小さじ1強）
濃厚さつま芋あん（166ページ参照）
……600g
シナモンパウダー（まぶし用）……適量
薄力粉（手粉用）……適量
黒ごま（飾り用）……適量
つや出し用卵液……余った卵黄＋みりん少量

◆ **準備すること**

・全卵と卵黄は割りほぐして合わせ、卵液にする。
・上白糖はふるう。
・バターは冷蔵庫から出し常温にする。
・濃厚さつま芋あんは1個60gに分けて丸める。
・つや出し用卵液は、余った卵黄をみりん少量で溶く。
・天板にクッキングシートを敷く。
・オーブンは180℃に温めておく。

◆ **日もちの目安**――常温で2～3日

◆ **作り方**

1

ボウルにバターを入れてゴムべらでクリーム状にのばし、上白糖を加えてすり混ぜる。泡立て器に替え、準備した卵液を半量加えて溶きのばすように混ぜ、全体によく混ざったら残りを加えて混ぜ合わせる。別のボウルにぬるま湯を入れ、上白糖が溶けるまで湯せんにかけながら混ぜる。

2

1を冷まして、分量の水で溶いた重曹を混ぜ合わせる。

3

薄力粉、強力粉、シナモンパウダーを合わせてふるって加え、粉気がなくなるまでさっくりと混ぜ合わせる。ひとまとめにしてラップで包み、冷蔵庫で2時間ほど休ませる。

4

休ませた生地を薄力粉（手粉用）をふるったバットに取り出し、生地を手でたたむようにして固さの調整をしながらもみまとめる。

5

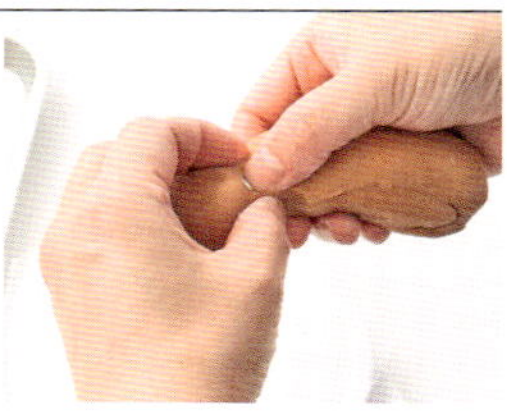

計量して10等分にする。

6

手粉をつけて1個を左手にのせて丸く押し広げ、はけで内側の余計な粉を払い、あん玉をのせて包む。

7

表面についた余分な粉を払い、全体にシナモンパウダーをまぶし、楕円形に成形する。

8

ふせたバットの上におき、糸を使って半分に切る。

9

切った面を上にして天板に間隔をあけて並べ、1回目のつや出し用卵液を塗る。1〜2分おいて表面が乾いたら2回目の卵液を塗り、真ん中に黒ごまをつける。

10

180℃に温めておいたオーブンに入れて18〜20分焼く。焼き上がったらケーキクーラーなどに並べて冷ます。

＊オーブンによって火のまわりが異なるので、途中で天板の向きや菓子の位置を変える、焼き色がついたものから取り出すなど加減します。

濃厚さつま芋あん

◆ **材料（出来上がり600g）**

さつま芋（皮をむいた正味）……220g
白こしあん（24ページ参照）……280g
ゆで卵の黄身（固ゆで）……1個分
グラニュー糖……110g
水飴……20g
バター（食塩不使用）……15g
水……150mℓ〜

＊さつま芋は厚さ2cmに切り、15分ほど水にさらします。

◆ **作り方**

1 ゆで卵の黄身はほの温かいうちに裏ごしする。続いて、白こしあん1/3量を裏ごしして、裏ごし器の網目に詰まった黄身と一緒にこし出す。こした黄身とあんを手でよく混ぜ、もう一度裏ごしし、乾かないようにラップをかけておく。

2 さつま芋は水気をきり、蒸し器に並べて強火で15〜20分、竹串がスッと入るまで蒸す。

3 水で濡らして固く絞ったさらし布巾を敷き、その上に裏ごし器をおいて、2が温かいうちに裏ごしする。残りの白こしあんを加え、全体をさらし布巾ごともみまとめる。

4 鍋に分量の水を沸騰させ、グラニュー糖を入れて溶かし、3を加えて練り始める。

＊固いようなら、練りやすい程度のやわらかさになるまで水を加えます。

5 とろみがついてきたら1の黄身あんを加え、焦がさないように好みの固さになるまで練って火を止める。バターを加えて混ぜ溶かし、水飴を加えて混ぜ溶かしたら、バットに小分けに取り出して冷ます。

＊水分が飛びにくいあんなので、やわらかいようなら、あんを鍋肌にはりつけたまましばらくおいて水分を飛ばします。

＊練り上がりの固さは使う目的に応じて加減を。焼き菓子用は少し固めに練り上げます。

カステイラ

ポルトガル伝来の焼き菓子、カステイラ（カステラ）。
手作りするというと驚かれますが
しっとりとした食感と芳醇な風味など
日々味わいが変わっていくさまは自家製ならではの醍醐味です。
やみつきになって繰り返し作られる生徒さんも多いお菓子。
焼いて３日目くらいからが食べごろなので、贈る場合はタイミングを
考えて焼き上げると喜ばれるでしょう。

≫作り方P168～169参照

カステイラ

◆ **材料（15×6.5×5cmの紙パウンド型2台分）**

卵……3個
上白糖……150g
牛乳……35mℓ
はちみつ……12g
みりん……12g
米油……10mℓ
強力粉……90g
白ざらめ……15g

◆ **準備すること**

・型にクッキングシートを敷く（下記参照）。
・卵は、卵白と卵黄に分けてボウルに入れ、卵白は冷蔵庫で冷やしておく。
・上白糖はふるって、100gと50gに分ける。
・みりんと米油は合わせる。
・強力粉はふるう。
・オーブンを180℃に温めておく。

◆ **日もちの目安**――常温で3〜4日

クッキングシートの敷き方

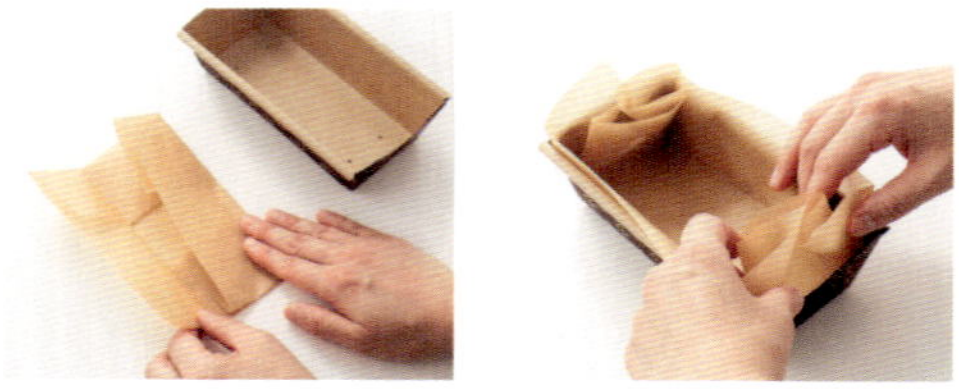

写真のように折ると、切らずに型にセットできるので、生地が型に流れ出ることもなく、きれいな焼き上がりになります。

◆ **作り方**

1

耐熱ガラスのボウルに牛乳、はちみつを入れ、電子レンジ（600W）で1分加熱し、はちみつを溶かす。
＊人肌くらいに温めます。

2

卵白を大きめのボウルに入れ、泡立て器で軽くほぐし、ハンドミキサー（高速）に替えて泡立てる。上白糖100gを3〜4回に分けて加えながら泡立て、しっかりとしたメレンゲを作る。

3

別のボウルに卵黄と上白糖50gを加え、もったりするまでよく混ぜる。

4

3を2のメレンゲに加えてハンドミキサー（中速）で混ぜ合わせる。
＊4から8まではハンドミキサーで混ぜていきます。

5

1を加えてさらに混ぜ合わせる。

＊ハンドミキサーの速度は低速に変えます。

6

強力粉を3～4回に分けて加えて混ぜ合わせる。1回ごとに粉気がなくなるまで混ぜて次を加えることを繰り返し、混ぜながら同時にきめを整える。

7

合わせたみりんと米油を加えて混ぜ合わせる。

8

ゴムべらに替えて、生地のきめを整えながら泡立ちをおさえるように大きく20回ほど混ぜる。最後に白ざらめを加えて大きく全体を混ぜる。

9

クッキングシートを敷いて準備した型に半量ずつ(約220g)流し入れる。

10

天板に並べて180℃に温めておいたオーブンで10分焼き、160℃に下げて20～25分焼く。途中表面の焼き色を見て、よい色がついてきたらアルミホイルをかぶせて焼く。

＊アルミホイルは、生地の表面につかないように高さに余裕をもたせてかぶせ、蒸し焼きの状態にします。

＊焼き上がりは、竹串を刺して生の生地がつかなくなり、上面を押して弾力があるのを確かめます。

11

オーブンから取り出してケーキクーラーなどにのせ、そのまま大きめのポリ袋に入れ、カステイラの表面につかないようにふわっと包み、粗熱が取れるまで冷ます。冷めたらラップで包む。

＊焼き上がって3日目くらいからが、しっとりして食べごろになります。

あんペースト3種

自家製のあんペーストを小さな瓶詰めの贈りものに。
小豆つぶあん、小豆こしあん、白あん、それぞれに香りや食感が
楽しめる素材をプラスして、個性的な味わいに仕立てました。
クッキーや最中の皮と組み合わせたり、
お気に入りのフランスパンを添えたりしても喜ばれそうです。

あんペースト３種

・小豆こしあん＋黒砂糖＋ラム酒
・白あん＋マーマレード
・小豆つぶあん＋メープルシロップ＋くるみ

小豆こしあん＋黒砂糖＋ラム酒

◆ 材料

小豆こしあん（22ページ参照）……150g
水……50mℓ
黒砂糖……10g
水飴……25g
ラム酒……5mℓ

◆ 日もちの目安

——冷蔵で１週間

◆ 作り方

1 鍋に分量の水を沸騰させ、黒砂糖を入れて溶かし、あんを加えてさらに混ぜて溶かし、やわらかめのあんになるまで練る。

2 水飴を加えて混ぜて溶かし、ラム酒を加える。固さを調整して火を止め、バットに小分けにして移す。

＊あんを鍋の中ですくって落とし、やっと山の形になるくらいまで練ります。

白あん＋マーマレード

◆ 材料

白こしあん（24ページ参照）……150g
水……50mℓ
マーマレード……25g
水飴……25g

◆ 日もちの目安

——冷蔵で１週間

◆ 作り方

1 鍋に分量の水を沸騰させ、白こしあんを加えて混ぜて溶かし、やわらかめのあんになるまで練る。

2 マーマレードを加えて練りながら、固さを調整し、水飴を加えて混ぜて溶かし、再度固さを調整して火を止め、バットに小分けにして移す。

＊あんを鍋の中ですくって落とし、やっと山の形になるくらいまで練ります。

小豆つぶあん＋メープルシロップ＋くるみ

◆ 材料

小豆つぶあん（20ページ参照）……150g
水……50mℓ
くるみ（粗く刻む）……10g
メープルシロップ……15g
水飴……25g

＊くるみは160℃のオーブンで香りが立つようになるまでローストする。

◆ 日もちの目安

——冷蔵で１週間

◆ 作り方

1 鍋に分量の水を沸騰させ、小豆つぶあんを加えて混ぜて溶かし、やわらかめのあんになるまで練る。

2 くるみとメープルシロップを加えて練りながら固さを調整し、水飴を加えて混ぜて溶かし、再度固さを調整して火を止め、バットに小分けにして移す。

＊あんを鍋の中ですくって落とし、やっと山の形になるくらいまで練ります。

手づくりの和菓子を贈るときの心づかい

うれしい思い、感謝の気持ちを、ちょっと自慢したい手づくりの和菓子に託して贈りましょう。
器が料理の着物なら、贈る和菓子にもシーンにふさわしい着物を纏わせたいものです。
相手の方の笑顔を思い浮かべながら、
どんなお菓子をどんなラッピングで贈ろうかと考えるのは、
贈る和菓子を作る楽しみであり最初の一歩です。

贈るシーンをチェック

手土産か、持ち寄りか

手土産として持参する場合は、相手の都合もあるのでその場で「いただきましょう」となるかどうかわかりません。日もちのするお菓子のほうが安心です。また、そのお菓子の紹介、食べ方などを書いたメッセージカードを必ず添えましょう。

持ち寄りの集まりなら、自分で包みを開いて披露することができるので、その日限定のお菓子でもOKです。また食べるときにシロップをかけたりするお菓子も、話しの糸口になってよいものです。

食べる人数を考えに入れる

人数がわかっているなら、人数分プラス余分を見栄えよく持参。人数が不明なときは、自由につまめる小さいお菓子を数多く用意するか、人数に合わせて切り分けることができるスタイルのお菓子にしましょう。

「ヴェリーヌ」(150ページ)は市販のふた付きプラ容器でひとり分ずつ。

和菓子に思いをのせてラッピング

雰囲気を盛り上げる

親しい関係でもちょっとあらたまった演出で贈りたいか、ラフに贈りたいか、ドレスアップかカジュアルダウンか、方向を決めてラッピングするのがコツです。そして、その場にふさわしい注目を集める演出も大事です。

「カステイラ」(167ページ)をセロハン紙で包み、白い紙をかけ、白と赤の糸をよった紐をかけました。のし紙をかけたような端正で美しい姿になります。

「おしょうゆ団子」(133ページ)を趣きのあるすだれを用いた木箱に詰めて贈ります。このまま器にしていただけるのもうれしい演出。底には笹の葉を敷いた上にセロファン紙をおくなどすると餅菓子もくっつかず、取りやすいでしょう。

「あんペースト3種」(170ページ)は、3種がひと目でわかるように透明な瓶に入れ、さらに透明な袋に入れて白い紐で口を結びました。こうして片側で結ぶと3個がガタつかずにきれいに納まります。取り出したとたんに3種のあんペーストに目が集まること間違いなしです。

季節を丸ごと贈る

和菓子は、色に託して、形に表して季節を表現する、世界でもまれなお菓子。季節の息吹あふれる和菓子は、場をなごませ、喜ばれること請け合いです。

秋を告げる「焼き芋」(164ページ)。お芋!と一瞬見間違えそうなところが魅力です。

丸ごと柚子を器にして贈る「柚子香」(148ページ)。柑橘類は、柚子に限らずその季節のもので同様に。

水羊羹を青竹に流して笹の葉で包んだ「竹筒 水羊羹」(144ページ)。目にもさわやかな夏の涼味です。

葉で装う

自然の生気が宿っている葉は、いわば小さなパワースポット。桜餅、椿餅、柏餅、楓餅……季節の葉で包むと同じお菓子が期間限定に変身します。また、お菓子の成形がいまひとつでも、葉のあしらいで美しく仕上がるのもうれしいところ。ただし直接口に入れないとはいえ、食用に適したものを選ぶよう注意しましょう。

左・同じ「楓餅」(青楓餅86ページ)ですが、紅葉した楓は秋から初冬、青い楓は初夏の風情になります。
下・葡萄の葉、紅葉した柿の葉も、楓同様に活用できます。

贈る箱や紙いろいろ

箱:和菓子の質感や色を生かすシンプルで清潔感のあるものがおすすめです。
丸形の大(直径18cm × 高さ4.5cm)
中(直径13cm × 高さ4.5cm)
小(直径8.5cm × 高さ5cm)
角形の大(13cm × 6.5cm × 高さ4.6cm)
小(9cm × 5cm × 高さ2cm)

かご、きょうぎ:自然素材のかごは個々にラッピングしたお菓子を入れると映えます。きょうぎは素朴さを演出してくれますし、包むだけではなく切って箱の中敷きにもできます。

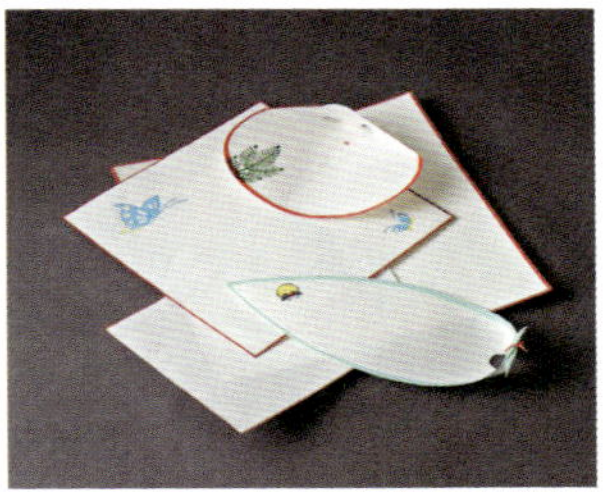

赤枠の敷紙、季節や行事の模様の菓子敷き:赤枠の敷紙は箱の底に敷いたり、ふたにかけたりしてお祝いの気持ちを表します。菓子敷きは、お菓子の取り皿として贈るときに添えるなど重宝します。

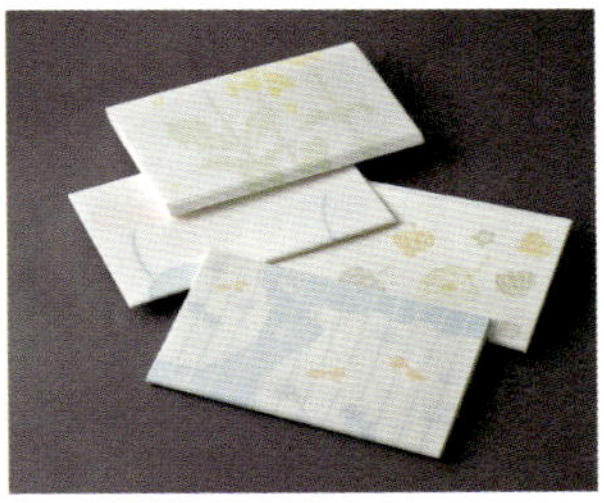

季節の柄の懐紙:白い正式な懐紙よりもカジュアルに活用できて便利です。お菓子の取り皿として添える、お菓子に合うお茶の葉、ごま塩を包んで添えるときなどに。

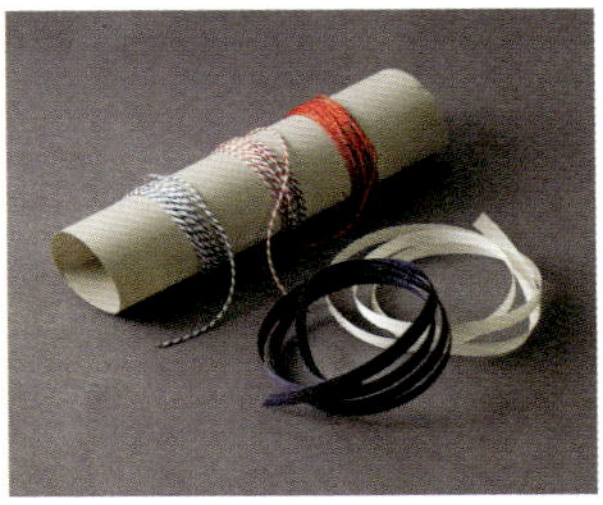

紐:糸をより合わせた細い紐は、和菓子によく似合います。またシンプルな紙紐もキリッと結ぶと贈りものの格が上がります。

色紙:お菓子に添えるメッセージカードにふさわしい、和菓子と相性がよい色の紙がいろいろ出回っていて、市販のカードよりも自分らしい演出ができます。

INDEX

＊菓子名の後の（　）は生地名や和菓子の種類の名称。菓子名に含まれている場合は省いています。
＊基本のあん、変わりあん、シロップなどは当索引に含めていません。
＊使用しているあんは、中に包み込むあん玉以外に、生地に用いるあんも記載しています。
＊掲載頁は初出の写真ページ。作り方が次ページ以降の場合もあります。
＊おすすめの季節は🔴春、🔵初夏〜夏、🟡秋、🟢冬ですが、あくまで参考に。無印のものは季節不問のお菓子です。

	菓子名	使用しているあん	掲載頁	おすすめの季節
あ	青楓餅（道明寺）	ごま小豆あん	86	🔵
	青柚子羹	白こしあん	53	🔵
	小豆羹	小豆こしあん	52	🔵
	小豆時雨	小豆こしあん、さつま芋あん	57	🟡
	小豆の浮島	小豆こしあん	60	🟢
	甘辛団子		82	🔴
	——みたらし団子		82	
	——草団子	小豆つぶあん	82	🔴
	甘夏羹（錦玉）		80	🔴
	粟おはぎ	小豆こしあん、小豆つぶあん	142	お彼岸・春と秋
	杏羹（錦玉）	小豆こしあん	44	🔵
	杏茶巾（錦玉）	小豆こしあん	42	🔵
	杏餅（求肥）	杏あん	35	🔵
	あんペースト3種		170	
	——小豆こしあん＋黒砂糖＋ラム酒		170	
	——白あん＋マーマレード		170	
	——小豆つぶあん＋メープルシロップ＋くるみ		170	
	いちご大福	小豆こしあん	76	🔴
	稲穂の風（練りきり）	白こしあん、小豆つぶあん	108	🟡
	芋羊羹		100	🟢
	ヴェリーヌ		150	
	——小豆と桜	小豆こしあん	150	
	——抹茶とほうじ茶	白こしあん	150	
	うぐいす餅（求肥）	小豆こしあん	32	🔴
	うららか（干菓子）		124	
	笑顔（薯蕷饅頭）	小豆こしあん	121	祝儀
	おしょうゆ団子		133	
	お赤飯		140	祝儀
	お多福（桃山）	白こしあん	64	節分
か	柏餅（道明寺）	みそあん	84	🔵
	カステイラ		167	
	黄身時雨	白こしあん、小豆こしあん	56	
	葛桜	小豆こしあん	49	🔵
	葛プリン		153	
	——生姜ミルク		153	
	——きな粉ミルク		153	
	葛餅		48	
	栗茶巾		94	🟡

和の菓子 いろは
宇佐美桂子・高根幸子

和菓子教室のアシスタント講師から独立した宇佐美さん、パティシエとしてのキャリアを経て和菓子教室のアシスタントから独立した高根さん。二人が主宰する「和の菓子 いろは」は少人数制の和菓子教室。暮らしに身近なおやつから、きんとん・練りきりなど本格的な茶席の菓子までを教えます。「まず小豆を煮ることから」と、味の決め手となる“あん”の作り方をはじめ、わかりやすく理論的な教え方が好評。雑誌、テレビでの和菓子指導のほか、有名菓子舗のアドバイザーなど活躍の幅を広げる一方、著書『はじめて作る和菓子のいろは』（世界文化社）が台湾版に翻訳されたのを機に、和菓子の国際交流にも取り組んでいます。

教室：千葉県習志野市本大久保3-11-6（2F）
電話 047-407-3443
HP　https://www.wanokashi-iroha.com/
SNS　https://www.instagram.com/wanokashi_iroha/

本書は小社刊『はじめて作る和菓子のいろは』（2015年）、『手づくりで贈るほめられ和菓子』（2018年）の2冊を底本に再構成。作り方や材料情報も更新しました。

決定版　手づくりを楽しむ和菓子のいろは
季節と行事を愛でる和菓子から、茶席のお菓子まで

発行日　2025年4月30日　初版第1刷発行

著　者　宇佐美桂子・高根幸子（和の菓子 いろは）
発行者　千葉由希子
発　行　株式会社世界文化社
〒102-8187
東京都千代田区九段北4-2-29
電話 03（3262）5118（編集部）
03（3262）5115（販売部）

ISBN978-4-418-25311-1

印　刷　共同印刷株式会社
製　本　株式会社大観社

撮影：櫻井めぐみ
デザイン：鳴島幸夫
DTP協力：株式会社明昌堂
協力：川井紫夏子
亀山和枝
後藤晴彦
関根千晴
校正：株式会社円水社
編集協力：河合寛子
編集：世界文化社・川崎阿久里

［おすすめの材料店］

◎主な製菓材料全般
富澤商店　町田本店
〒194-0013　東京都町田市原町田4-4-6
電話 042-722-3175
http://www.tomiz.com

◎白玉粉
白玉屋新三郎
〒869-4803　熊本県八代郡氷川町吉本72
フリーダイヤル 0120-47-8140
http://www.shiratamaya.co.jp/

◎葛
吉野本葛　井上天極堂
〒639-2251　奈良県御所市戸毛107
フリーダイヤル 0120-77-4192
https://www.kudzu.co.jp/

◎和三盆糖
岡田製糖所
〒771-1310　徳島県板野郡上坂町泉谷字原中筋12-1
電話 088-694-2020
http://www.wasanbon.co.jp/

◎栗の甘露煮
小田喜商店
〒319-0203　茨城県笠間市吉岡185-1
電話 0299-45-2638
https://www.kurihiko.com/

◎角寒天
小笠原商店
〒 399-4432　長野県伊那市東春近田原6301-1
フリーダイヤル 0120-31-2364
https://www.itokanten.jp/smp/